你可以善良
但要有底线

「いい人」をやめれば人生はうまくいく

[日] 午堂登纪雄　著

苏晔婷　译

敦煌文艺出版社

图书在版编目（CIP）数据

你可以善良，但要有底线 /（日）午堂登纪雄著；
苏昈婷译 . -- 兰州 : 敦煌文艺出版社 , 2019.8
ISBN 978-7-5468-1779-8

Ⅰ . ①你… Ⅱ . ①午… ②苏… Ⅲ . ①人际关系 – 通
俗读物 Ⅳ . ① C912.11-49

中国版本图书馆 CIP 数据核字 (2019) 第 160266 号
著作权合同登记 图字：26-2019-0049 号

你可以善良，但要有底线

[日] 午堂登纪雄 / 著

苏昈婷 / 译

责任编辑：张明钰
装帧设计：紫图装帧
封面插图：艺术家许京甫

敦煌文艺出版社出版、发行
地址：（730030）兰州市城关区读者大道 568 号
邮箱：dunhuangwenyi1958@163.com
0931-8773348（编辑部）
0931-8773112　8773235（发行部）

天津中印联印务有限公司印刷
开本 880 毫米 ×1230 毫米 1/32　印张 6.25　字数 110 千
2019 年 9 月第 1 版　2019 年 9 月第 1 次印刷
印数：1~10 000

ISBN 978-7-5468-1779-8
定价：49.90 元

疲惫当好人，快乐做自己，
你怎么选？

　　我想，拿起这本书的你，一定是个"好人"。这里所谓的"好人"，是指为了不惹人厌，而去讨好所有人的乡愿。

　　其实，"成为好人"是每个人都会有的自然需求与举动，毕竟不被讨厌，对想要平静安稳过生活的人来说，实在很重要。然而，若这份渴望过度强烈，反过来影响到自己的人生，那就很吃亏了！

　　因为你会变得老是在意他人的目光——在乎别人怎么看，怕被周围的人厌恶，担心评价下滑，结果不敢表达自己的情感与想法。

然后，你会开始依循别人的目光行动，只想着该怎么做才不会被讨厌、不会被认为是怪咖、不会被拒绝、不会被抛弃，却不考虑自己是不是真的想做。你可能因此压抑自己去讨好别人，戴上面具赔笑，与合不来的人相处。

这种过度渴望成为好人的欲望，会形成"我不能惹人厌"的强迫观念，反过来让你窒息。

不肯说出自己的意见与心声，一味迎合周遭，别人就会搞不懂你在想什么，导致人家也不会与你分享心事。结果，即使和伙伴待在一起，你也会觉得既疏离又孤独。大家会把你当作好说话的人，动不动就叫你做事，或认为你是"都无所谓的人"，随意摆布你。

不要就说不要，让心解放

那么，不当"好人"会发生什么呢？

首先，你不必再伪装自己，于是因他人目光而产生的疲惫便减轻了。你可以好好展现自我，不再被"招之即来，挥之即去"；不必为了众人羡慕的眼光而说谎或打肿脸充胖子，更不必再为了保护自己想一堆借口。

你可以坚持己见，不要就说不要，不行就说不行，做不到就说做不到。一旦你说得出口，便不会再被占便宜和利用。

你敢吐露心声（前提是，你的出发点是体贴的），别人也会跟你说真心话，不论与同性或异性，交流都会更加深入。只要长期以真诚的心和人交往，之后即便偶有争执，也能立刻和好。

于是，你便能确立自我，坚信**"我就是我"**。就算在人际关系上触礁，在职场或团体被排挤、孤立，也能活得昂首挺胸。

在公司里，只要能拿出工作成绩就足够了；朋友很少也没关系，好好珍惜能跟你以真实样貌交往的朋友就可以了——这是一种正面的切割，它能让你产生自信，并且清楚明白"这就是我所选择的生存之道"。

最后，你因他人而情绪波动的频率降低了，从此每天都能心平气和地度日——这就代表你已解放了自己的心，朝"幸福人生"迈近一大步，不因他人言行而不安，拥抱真正的自由。

我总是在不断摸索自由的生活方式，或许很多人也跟我一样渴望自由。可是自由到底是什么呢？在我的想法中，自由是由"物理的自由"与"精神的自由"组成的。

所谓物理的自由，是指"能从多重选项中挑选"的自由。

举例来说，有能力挑选住处，你就能依照自己的喜好与便利程度，居住在亲近自然的地方、通勤方便的都市甚至国外；若有能力挑选想购买的物品，就不必因价格昂贵而放弃，犹豫不决的话还可以选择都买。

有能力挑选职业，就可以实现让自己最快乐、最能发挥实力的工作模式；有资格决定客户或朋友等来往的人，就能只和合得来、相处舒服的人待在一起；能选择行程，就可以按照喜好安排属于自己的一整天。

实现这些的方法之一，就是赚很多的钱。有了充足的钱，你就付得起昂贵的房租，买得起想买的东西；即便换工作、收入下滑或暂时没收入，也能撑一段时间；更不必勉强自己和合不来的人来往，连人生行程都能自由安排。

换言之，获得自由的方法之一，就是提高赚钱能力。也因为如此，过去我写了不少有关赚钱的书。

另一个获得自由的重要元素，就是"精神的自由"，意思是"让自己的情绪不受他人影响及制约"。

只要情绪不为他人的存在或言行而上下起伏，就能常保神清气爽。简单用一句话来说，就是：不论发生什么事，都能保持心情愉快。

想要实现这一点，就得拥有"面对所有状况及事务都能正面诠释"的精神，或者让自己演变成那样的精神结构。若别人不论做什么、说什么，你都能用"没关系""我就是我"的观点看待，就不会气个半死或老是不耐烦了。

将多数人都认为痛苦的事情，诠释成"没什么"，能让你免于过度惶恐和心力交瘁——本书的目标，就是帮助你获得这样的精神结构。

在这本书中，我特别针对"好人"容易陷入的状况与情境，撷取较极端的例子，提出我个人的解决之道。

当然，这些都是我自己的见解与方法，一定有人认同，有人反对。若你读了本书，感到"气急败坏"，那代表你的精神结构还太脆弱，很容易受到他人影响。

如果你能摆脱这种状态，让本书成为使你觉得"人生真美好""天天乐逍遥"的契机，那么作为笔者，我将感到无比光荣。

午堂登纪雄
2016 年 12 月

目录

第一章

人际关系

01

勉强自己和人好，
不如找人真心对你好

总是赔笑脸、附和而不愿表达自我意见的人，
在周遭人眼中，
就像戴了面具一样。

想当"好人"，是身而为人再自然不过的情感。

每个人都希望人见人爱，都不愿被他人讨厌。然而想要如此
维持圆滑的人际关系，势必得在一定程度上压抑自己、迎合周遭。
如果做得太过火，就会被人际关系压得喘不过气，束手束脚。

好人的初衷虽然是"与所有人维持良好关系"，然而事实
上有时候却必须扼杀自己来讨好周遭，隐藏真实心声与他人相
处，**结果反而和谁都无法建立良好关系，只能与人维持表面上
的和平，没有深交。**

这是因为总是赔笑脸、老是附和而不愿表达自我意见的"老好人"，在周遭人眼中，就像戴上了面具一样。

即便努力想与所有人为善，也可能因为你的一味迎合，使得对方感受不到真心。大多数人面对"情感不外露"的人时，都会因为距离感而不愿深入了解。很少有人会去亲近面无表情、摆着一张扑克脸的人，因为那种人总让人觉得摸不着头绪，产生不舒服的感觉。

除了讨好他人，有时候，我们也会因为害怕被他人讨厌，话说得战战兢兢，结果反倒给人严肃、拘谨的印象。

然而，**不以真实心声去碰撞，情感便难以交融，人际关系将流于表面**。若老是使他人产生"总是摸不清他在想什么""他人虽好，但……"等等想法，更会导致自己无法打入任何社交圈。即使在形式上融入了社交圈，实际上还是关在自己的壳里，没有走进任何人心中。那些"让人没印象，存在感不高"的人，往往就是这一类。

此外，好人也不善于自我肯定，面对他人的赞美，很难打从心底接受——因为他们往往不认为自己优秀到能受到他人褒奖，有时就连听到有人称赞"你穿的衣服真好看"，也会认为回答"谢谢"太得意忘形而坐立难安。

好人会担心他人是否觉得：才夸你一下就不知天高地厚

了！于是忍不住回答："没有啦！"其实这么做反而会让对方觉得被泼了冷水，给人与你不好相处的印象，甚至认为"难得称赞你却被否定""这个人真不值得称赞"。

由上述例子就能发现，当好人一心想着：我这么做会不会惹人厌？怎样才能讨人喜欢？所做的行为实际上就只会产生反效果，反而可能将自己逼入死胡同。

磨炼适应当下社会能力的方式，便是通过真正的自己，以真实的心声来接触外界，观察对方或周遭的反应，借此调整自己下一次的应对。

当对方听见我们依照真实心情说出："我这么认为。"他可能会生气，会大笑，会开心或悲伤。唯有观察他人反应，我们才有机会学习往后该如何表达心情，如何修复与对方的关系，并深入了解彼此。

倘若我们不愿表达自我，便无从得知他人或社会如何看待真实的自己，也就不晓得该怎么调整，甚至会因此陷入害怕表现自我、将自己越藏越深的恶性循环。

人们所谓的"好人"，往往都是一些个性温柔体贴的人，因此即使稍微放松一些、展现自我，只要不胡乱攻击他人，不但不会被讨厌，反而能聚集一群志同道合的朋友。

看过24色的彩色铅笔吧？小时候的我们看到多彩的颜色，

往往都会觉得好兴奋、好漂亮。当你看着这样的彩色铅笔组时，应该不会觉得"这个蓝色太深了，好奇怪"或是"这个红色太浅了，一点用也没有"吧？**不论哪个颜色，都拥有独一无二的价值。**

将这个道理放在人身上也是一样的，正因为你拥有和那个人、这个人都不同的"你"这个颜色，你才有专属于自己的价值。

若你只想着"我要当好人""不可以被讨厌"，逼迫自己迎合周遭，那么属于你的颜色就会渐渐消退，使魅力丧失殆尽——至少在周遭人眼中，你就是那个样子。

"虽然他人很好，但……"这个典型说法，就是一味忍耐、讨好，最后扼杀自我的人带给大部分人的印象。

换言之，拥有属于自己的性格、思维、价值观的你，正是地球上 70 亿彩铅中珍贵的一色。**只有一色的铅笔组是没有意义的；**只有一色的世界，当然也会让人觉得不舒服。

尽管不同的色彩会造就"喜欢"和"讨厌"的分别心，但正是这种情感组成了属于我们各自的世界，并且一点一滴累积、构筑出专属的幸福。

当然我们也不必勉强自己"一定要展现自我""一定要很有个性"。只要活出自然不造作的自己，就是在为展现个性打基础了。

在我独立创业、当上老板之后，果不其然地，遇到了与我同样身为创业者的伙伴；而当我一心想主动、积极地开创事业时，与我拥有同样特质的创业者便聚到我的身旁；在投资方面也是，久而久之和我抱有相同立场的投资家都靠了过来。

由此可见，尽管人际关系总会有所变化，然而在离开不少人后，剩下的人都是更加契合，更能相谈甚欢的。由于朝着相同的方向，即使说出真心话，也能彼此接纳。

我是一个喜欢谈逻辑、就事论事的人。赞同的人会觉得我很不错，不赞同的人则对我敬而远之，他们认为我"不留情面"又"傲慢"。

结果当然是有人喜欢我，有人讨厌我，而我得以只和接受我真实样貌的人相处——这是何等幸福啊！

可能有人觉得"这样会让世界变得越来越狭隘、无趣"，然而决定世界广度的，应该是自我视野的高度以及接纳与自己不同事物的气度。只和志同道合的人相处，并不会让世界变宽广或变狭隘，而会让我们感觉幸福或不幸福。

继续当好人——忙着讨好的人生，令人窒息。

有小恶精神——能活得自在，展现真实的自我。

被讨厌，
不等于"做人失败"

> 被讨厌不但不会造成困扰，
> 还能堂堂正正地活出自我，
> 过着压力较小的生活。

想当好人的人由于害怕被讨厌，总是说不出心里话。

比如说会习惯忍耐、压抑自己来讨好他人，遇人拜托往往推辞不掉，说不出"我先失陪了"之类的话，甚至在会议中也不敢表达意见。好人有求于人时总是难以启齿，只能一个人默默承受……因此压力便容易累积，时常喘不过气来。

然而也有一群人并不在意这些，即便被他人讨厌依旧活得很幸福。

将这一点纳入思考，就能知道"被人讨厌"并非问题所在，重点在于当事人如何去看待"被讨厌"这件事——有的人认为被讨厌没什么大不了，但有人却视它为"洪水猛兽"。

● 讨好同事，远不如卖力工作有成果

害怕被讨厌的人，总是想着被讨厌会带来哪些麻烦，被讨厌会造成什么损失，并且拿努力讨人喜欢所能获得的好处或坏处来比较。

究竟被讨厌所带来的困扰是什么呢？

或许人际关系会变差，与他人之间的气氛变尴尬……但是，若公司想看的是工作成果，雇用你也是因为期待你能做出一番成绩，那么不管在职场被人讨厌还是喜欢，只要拿出结果不就行了吗？要记得，**职场上的人际关系，只有在能拿出工作成果的情况下，才能真正维持良好。**

当你对团队、组织、公司的业绩有所贡献，即便有人"看你不顺眼"，也不会真的构成问题。有人反倒会因此觉得你很可靠，所以你不会被所有人排挤。

我在某上市企业工作时，就曾被同事批评爱加班，但因为我做出了一番成绩，得到公司赏识，所以在职场上仍旧拥有一席之地。

只要努力工作，拿出成果，自然就不会在意职场中的人际关系了。相反的，过度在意人际关系，反而会使你无法集中精神在眼前的工作上。与其将力气耗费在与同事周旋，不如将这份精力用在工作上，产值更高。

活出自我，你会拥有更多

像家长会、妈妈友[1]，这些以孩子为主的社交团体，又该怎么办呢？

即使没有受人邀约，即便被刻意忽视，只要孩子能平安长大就好了——其实不论是家长会还是亲师会，都是为了孩子存在的，只要自己的孩子适应得来，不执着于妈妈友间的人际关系也无所谓。

当你不必再与妈妈友交际，就不用花费多余的心力到家庭餐厅聚餐，还能拥有自己的时间，做自己喜欢的事，这反而是一桩好事，不是吗？甚至也不必跟爱慕虚荣的主妇团喝高级饭店的下午茶，能够省钱，根本是一举数得。如果你——

担心消息会闭塞。现在只要靠网络就能获得许多资讯，而

1　妈妈友，日本幼儿园、小学生的妈妈们因孩子而结成的友谊团体。

且参与政府主办的针对妈妈的活动，也能遇见很多同样想找人咨询的妈妈们。

害怕孩子被霸凌。孩子与父母的金字塔等级并不同。孩子们是以在一起玩时是否快乐的本能来判断，所以不必太过操心。倘若有父母怂恿孩子"不能跟那个小朋友一起玩"，导致其他孩子受人欺负，就要进一步请校方协调了。

如果问题暂时无法解决，可以让孩子试试学习其他才艺、参加社团，让他们在不同于学校的人际关系中喘口气。

你可能会怀疑："是否需要做到这种地步？"你要知道，父母的精神状态是会影响孩子的，想让孩子拥有健康的心灵，首先得有心灵健康的父母。因此，若妈妈友、主妇团让你感到精疲力竭，从中彻底抽身，才是真正为孩子做的好的决定。

"敦亲睦邻"这件事也一样，被邻居讨厌，对我们的生活其实不会造成任何影响。毕竟我们和邻居在日常生活中往往鲜有利害关系。

你可能会觉得，"这个在乡下就行不通了""在社区委员会会碰头"，然而邻居通常也只会认为"他就是那样的人"，顶多不打招呼而已。换言之，即便被身边的人讨厌，其实也不会有什么实际上的损失。

害怕被讨厌的人，常会陷入"被人讨厌就是做人失败"的迷思——这恐怕是源于小时候的教育，但也有些是接触了社会上泛滥的"人际关系至上主义"后，被根深蒂固的价值观。

若被讨厌就是做人失败，那么太多的政治家与艺人都不配为人了，然而他们还是活得好好的——**被讨厌不但不会造成困扰，还能更堂堂正正地活出自我，过着压力较小的生活。**

● 害怕寂寞想当好人，只怕会失去更多

的确，不被讨厌就不会树敌，没有敌人就不会遭受攻击，可以安稳度日。这对大部分人来说都是很重要的事，更是不被讨厌的优点之一。

不过你也要知道，会说人闲话的大多是无聊分子，成熟的大人不会死缠烂打地攻击别人，那样十分幼稚。一个正直的人，根本没有时间去诋毁他人。

所以，说你坏话的那些人其实才是做人失败的人，你的人生根本不需要他们。你大可以不去接近他，或者干脆直接无视。

我的发言常在网络上引发论战，甚至我还会从推特直接收到诽谤中伤的信息，可见有一群人看我很不顺眼。然而在我看来，他们大多只是日文解读能力有问题，所以我并不会放在心

上。只要忽略，他们自然会自讨没趣地闭上嘴巴。

我想这本书，也有可能得罪许多人。不过转念一想，那些只会对他人著作指手画脚的人，往往对现实社会贡献甚微，那也就别怪我忽视他们了。

一般认为好人的优点之一，是"不会感到寂寞"，但实际上，好人却隐藏着更孤单的风险。

与你觉得是伙伴的人待在一起，的确在表面上看起来并不孤单，可以粉饰寂寞。但其实这都是你自己处心积虑营造出来的，不但让你无法放松，还会累积精神上的疲劳。一旦你在这种时候离开伙伴，孤寂就会席卷而来，然后如此周而复始，你的寂寞始终无法排解。因为，你从没有说出自己的心声。

寂寞，是由不被理解、无人能分享心情所导致的空虚感引起。**只要你持续扮演好人，就很难交到能说真心话的伙伴。即便有，你也无法呈现真实的自我，只能逼自己讨好众人，最后心力交瘁。**可见"因为怕寂寞而当好人"的行径，不但没有好处，反而坏处重重。

继续当好人——为人际关系小心翼翼，搞得自己精疲力竭。

有小恶精神——放心交朋友，从无谓的压力中解放。

03

别以为忍辱负重，你就能苦尽甘来

并非所有人都是你幸福和成功的助力，
对你好的人少之又少，
大部分人只会嫉妒、扯后腿。

我们都希望朋友圈是由志同道合的伙伴自然而然聚集组成的，这种价值观契合的团体，总是让人感到舒服自在。

然而现实却往往是——大家只是偶然地碰在一起，以个性或价值观自然形成的团体并不常见。

即便是学校里的同班同学，也是因为刚好出生在同一时期、同一地区，所以集中到同一个班上。职场同事也不是由我们挑选，而是由上司或人事部为追求企业利益聚集过来的。

以上这些都不是我们所选择的关系，而是他人架构给我们的人际网络。当然，我们还是有可能从中遇到很棒的伙伴，只是也同样有概率碰到看不对眼的人。

在这种偶然相聚的团体里，常会产生互相监督、彼此束缚的气氛，也就是所谓的"不成文规定"。有时候只要有人稍有"违规"，众人就可能会一起攻击他，逼他就范，或者将他排除在外。

不管在任何年代、任何集团、任何组织中，都有可能发生这个问题。就连企业里爆发的丑闻，大多也是由组织内不容拒绝的氛围以及大家以为的理所当然酿成的。

像在前述的日本妈妈友团中，同侪压力就很严重。根据我所调查的妈妈友阶级相关资料来看，从婴儿车或婴儿服的品牌、黄金周、盂兰盆节[1]、过年返乡期间的旅游地点，到茶会的出缺席状况等等，这些全都会受到监视。甚至有些主妇团会依据老公的职业、地位来排定阶级，更严重的还有人因为受到这些团体的束缚想要自杀……

● 有些人，你得当断则断

选择来往的人，相当于选择自己的人生，这是一个非常重要的概念——因为**我们的人生很有可能被来往的人糟蹋。**

1　盂兰盆节，佛教传统节日，在日本其规模仅次于元旦。

一样米养百样人，不可能人人都是善类。也并非所有人都会为你的幸福与成功助一臂之力，尤其**在"成功"这件事情上，对你好的人恐怕少之又少，大部分人都会因嫉妒而扯你后腿。**

除此之外，还有"说谎""欺骗""违背承诺""强迫他人"的人，要是连这些人都要讨好、勉强维持关系，那只会让自己的努力全部化为乌有，浪费只有一次的宝贵人生而已。

所以，**我们必须界定出哪些人不能给你带来幸福，哪些人是不想来往的；一旦遇到这样的人，最好立刻脚底抹油，逃之夭夭。**大人和孩子不同，孩子们只能被迫待在家庭或学校里；但身为大人，我们可以从很多团体中挑选自己喜欢的。

正如我前面所说，即使稍微被人讨厌，大家也一样能照常生活。就算是那些被女性观众厌恶、老是遭受攻击的女艺人，也一样拥有自己的粉丝团，而且看起来过得颇开心。

● 改善人际关系的勇气

孩提时代的你是否想过要搬家呢？

可惜小时候的我们并没有能力选择自己想要的生活方式，然而成为大人以后，不但变得能自由挑选住处，也可以通过换工作来改变所处的生活环境，这些都是大人的特权。

既然如此，何不善用这项特权呢？不论是相处的对象或居住的环境，只要你不满意，都可以换掉它。

若你老是想着"换工作薪水会降低，搬家要花钱，脱离妈妈友团会害孩子被排挤"，认为自己办不到，那就表示你只是在逃避抉择；虽然对眼前现况不满，但又觉得维持现状还是比较轻松。

然而，若现在纠缠你的人际网已经几乎要让你窒息了呢？倘若你已经无法再肯定继续扮演着好人的自己了呢？

这时，你就应该狠下心来舍弃现在的环境，投入新的世界。

即便是沉默寡言的学生，在进入完全没有人认识的高中之后，也有可能变得健谈，不再受人欺负。过去的障碍将会被重置，你可以挑战在全新的人际关系中活出真实的自我。

如果"换了环境还是行不通，那就再搬家、再换工作"，你必须像这样毫不犹豫地下定决心。

担心做不到吗？如果你是这样想的人，那就代表比起其他选项，你更喜欢在现在的环境下忍耐。

假如"在这里忍辱负重，就会苦尽甘来"，那的确有忍耐的价值。但若事情不会好转，也不会为你带来光明的前程，这样的忍耐到底有什么意义呢？

人生只有一次，为了他人而自我压抑，根本只是在虚度人

生，而且这也相当于辜负了父母"希望你幸福快乐"的期盼。

如果变动了，担心年收入会下降？与每天过得幸福快乐相比，年收入下降根本只是微不足道的小事。钱努力再赚就有了，为此，你更应该先将自己置身于能提起干劲努力赚钱的环境下。

人生可以长达八十年、九十年，甚至更长，眼前这几年的年收入，充其量不过是误差范围而已。你大可不必为了这些蝇头小利忙得心力交瘁，真正应该选择的，是让剩下的人生过得更快乐、自在的生活方式。

因此，我会选择即便眼前收入降低，也能让我在星期一早晨从床上跳起来的工作——这样才算活得有价值。

这些道理，我常说给孩子听。对孩子来说，往往只有学校与家庭两个世界，他们没有能力靠自己去改变或逃离那里。因此当霸凌发生时，他们很容易钻牛角尖。

这时如果父母能告诉孩子："学校不是一切。""如果真的不行，我们转学就好。"**让他们知道人生还有其他退路，自己也有改变环境的力量，势必能让孩子更有勇气活出真实的自我。**

继续当好人——无法逃离同侪压力，被监视与束缚。

有小恶精神——从痛苦人际关系中脱离，重建生活。

担心旁人怎么想，
往往是自己吓自己

不安、烦恼、恐惧，
全都是自我意识过剩的胡思乱想，
其实根本没人那样看待你。

过去日本媒体曾经大幅报道"孤独饭""厕所饭"[1]，在现代，许多"好人"都极度恐惧落单。

不过实际上，好人怕的不尽然是独处，很多时候是害怕被别人看到"自己一个人"。

由于好人实在太在意他人的目光，一旦被人看见落单，常常就以为别人会认为"他都孤零零的，好可怜""他老是一个

---

1 厕所饭，怕被他人看见自己一个人吃饭，宁可到厕所偷偷用餐。

人，会不会是个怪咖""他是不是没朋友，总是很寂寞"。**好人总会在意这些"自己内心创造出的他人之闲言闲语"，然后把自己吓个半死。**

为了避免这样的情况，许多好人都会逼自己和没那么喜欢的人黏在一起，或者强迫自己继续待在价值观不契合的团体中。

硬逼自己与他人相处，只会让你失去自由、精疲力竭，难道这比一个人独处还好吗？再说，"落单"或者"被看见一个人"，真的有这么可耻吗？需要刻意去避免吗？

一个人不代表就可怜，也不代表就是怪人。真要说怪，起码也得像我这样才算吧。

就算被人指指点点说"他是不是没有朋友，总是很寂寞"又如何呢？事实上，根本不会在生活上造成任何困扰。

假设你今天一个人去居酒屋吃烤肉，由于周围都是没见过的陌生人，你理所当然地不会与他们交流。一出店门，别说长相了，连他们的存在都忘得一干二净。就算这些陌生人对你有任何想法，也不会为你带来好处或损失。你没有遭受他人攻击，不会被人从钱包里夺走钱财，他们也不会妨碍你工作。这一切，都只是你在庸人自扰而已。

老是一个人独处很难受、很寂寞，这或许是个事实。但让自己陷入如此窘境的，其实只是你担心"别人会做何感想"的念头，是源自你心中的强迫性思维。

这样的现象并不止于在"害怕被别人看见自己一个人"的状况下发生。人的烦恼，有大半都是因"自己的想象"而产生的，而非根据"事实、现象或真实状况"。

例如烦恼头发乱翘的人，往往是因为自己害怕被别人笑。事实上，搞不好还有人会觉得"卷卷乱乱的很可爱"呢。

我读中学的时候，曾经为青春痘苦恼。因为很担心同学嫌我丑，又怕被女孩子疏远，所以在意得不得了。

或许真的有人看了当时的我会产生上述想法，但长满青春痘事实上并没有影响到我的人际关系，而且我还交到了女朋友（虽然只是比朋友感情好一点而已），甚至当上了学生会的干部，在社团内担任主将——尽管我很担心，结果实际上并没有发生什么可怕的事情。

换言之，在你心中的那些不安、烦恼、畏惧，全都是自己的胡思乱想，实际上根本不存在。一般而言，这称为**自我意识**（self-consciousness）过剩；说得直白一点，这种状况就是——根本没有人会那样看待你好吗？别自作多情了！

当然，在多愁善感的青春期，由于青少年尚未确立自我，还没清楚认识自己的价值观，难免会以外表、运动能力、学业成绩这些显而易见的要素来比较大家的价值和看法，变得非常在意他人的目光。

相对的，对于自我确立的人而言，与他人相处的时间就是与他人相处的时间，独处的时间就是独处的时间，两者是平等的。因此这些人在独处时并不会感到寂寞，就算一个人也安心自在。**因此自我意识越成熟的人，越会远离人群，避免与不必要的人纠缠。**

"没有伴就是失败的人"这种想法纯粹是刻板印象，这个世界上有很多人都是独来独往，但成就斐然。所以，你应该告诉自己——我要用自己的脚站起来，靠自己的力气行走，以自己的判断活下去——这样的自信必须生根在你心中，而非他人眼里。

要做到这点，你必须先察觉"被看见落单很丢脸"这种想法其实只是你自己创造出来的、毫无根据的不安情绪。而我将在下一节中告诉你，"独处的时间"是培养自我非常重要的关键。

继续当好人——害怕别人的评价，自己吓自己。

有小恶精神——由自己做所有判断，远离多余纠缠。

05

不"落单"，
你如何聆听内在的声音？

与人说话交流时，
我们很容易受他人影响，
导致无法深入思考自己真正喜欢与讨厌、想做与不想做的。

　　害怕落单与孤独的"好人"，总喜欢和朋友待在一起。然而越是这样的人，越会给人不重要、想法肤浅的印象。反之，越是独来独往的人，不论小孩或大人，说话大多让人感到沉稳可靠。我想这样的落差，可能关键在于花多少时间独处以及思考事情的差异。

　　想象力与创造力的源泉，基本上在于人的个体。例如从事漫画家、作家、作曲家、画家、书法家、陶艺家等等这些创作型职业的人，大多是独立作业。他们会窝在家里或工作室内工作，有时也会边散步边思考。正是因为他们拥有独处的时间，才能创造出撼动人心的作品。

每当我要写书的时候，也都是一个人作业。调查投资生意、研讨商业模式、撰写企划书等等工作，原则上也都在独处时进行。和别人在一起时，我则会确认自己的假设、实际推动计划——这时就是行动力优先于思考了（当然，我也会边做边想）。

除此以外，**人要确立自己，是需要独处的**。唯有在一个人的时候，我们才有办法认真思考自己的生活方式和未来规划，并且好好整理思绪。诸如"我想成为怎样的人、想过怎样的生活，所以我必须做哪些事"等等，都可以在这时去反省、调查，并排列出优先顺位。

埋首于工作或兴趣，其实也是隔绝与外界的接触，独自处理、面对的表现。换言之，**独处就是思考**。

可以回顾一天做的事，在自己心里消化情绪，想想"今天我有这样的感受""但我必须怎么做""明天开始那样做做看吧"来管理自身的动力。比起他人带来的刺激，自行体会后从心底涌起的那股热情，不论在干劲或行动力上，都会更加强大。

烦恼、不安也都是让我们成长的燃料。如果不是认真喜欢一个人，就不会为恋爱烦恼；读书没兴趣，就不会担心成绩不好。在烦恼与不安中认识自己，进而选择承担或克服，都是独处时该做的内省功课。

从这些方面来看，我认为**替自己创造独处的时间，其实是非常重要的投资**。相反的，若始终和他人待在一起，便很难深入挖掘自己的内心。

与人说话、交换信息时，我们很容易受他人影响，导致无法深入思考自己真正喜欢的与讨厌的、想做的与不想做的是什么。

与他人讨论，确实比较容易想出好点子或更棒的解决方法，还有可能获得勇气、受到提点。然而，比起那些，更重要的是我们对事物的看法。我们都应该整理自己对事情的感受，然后提升自我。

只要脱离与他人的纠葛，独立面对自己的心，你便会渐渐找到属于自己的价值观与处世之道，并能以过去的经验为基础，调整好自己的前进方向。

如此一来，我们就能摆脱外界眼光的束缚。借由独处，避开他人的影响，自由地探索内心世界。只要学会与自己相处，和内心对话，相信你一定会慢慢察觉这样的时光既充实又有意义。

这个说法其实有点偏向观念引导，然而当你能体会这种快感，或者了解到独处的时光有多么充实之后，就不再会觉得落单寂寞了。

和他人在一起固然开心，但自己独处也很快乐。培养出不怕孤独、不畏孤立、坚强的自己，你就不会再恐惧落单了，反而还会觉得怡然自得呢。

继续当好人——周遭的人觉得你"不重要""想法肤浅"。

有小恶精神——能利用独处的时间充实自己，不再怕落单。

06

渴望有人陪伴，
是缺少自信而非孤单

不再顾虑会不会讨人厌，
并非代表你从此开始孤独，
反而会有人更喜欢你。

多数人听到"人无法一个人活下去"都会点头赞同。因此，歌颂友谊的价值观充斥了整个世界；"不重视人际关系，就是做人失败"的论点给我们带来了莫大的压力。

一个人待在无人岛上，或许真是一件令人崩溃、绝望的事情。又如古代农业社会，不跟村民往来，灌溉农田的水流就可能会被截断，只能等死。农作物歉收、饥荒等频繁发生时，村民间也必须互通有无、分享粮食、守望相助。

但在现代，其实很多人都是孤独地活着的。肚子饿，去便利商店就能买到食物；有了网络，即便形单影只，也不会感到寂寞，甚至有不少人还觉得这样比较舒服自在。

在我乡下的家附近，有许多高龄独居老人，他们平日不怎么与人接触，有时还会出现"那个人最近好像不见了"之类的传闻，这种情况其实并不罕见。

我还有一位证券商朋友，他完全就是足不出户的代表。尽管他已婚，有太太，并不是真正的独居，但他几乎不去任何地方，与人接触也不多，一整天好几个小时都在做股票交易，剩下的时间便优哉游哉地度日。

在某些国家、某些时代，上述的生活模式或许不可行，但在当下，现代人是可以单独生活下去的。人无法一个人活着只不过是个先入为主的观念；主张人是社会动物，不能单独生活的人，是因为他本身缺乏自信。

先不论生活是否舒适，其实就算不去上学，没有手机，不用 LINE[1] 也可以活得好好的。你不必把自己想成得孤独终老，只要知道"就算是最差的情况，一个人也活得了"，你对于失去人际关系的恐惧感就会缓解，于是也就能以真实的自我与他人相处了。

1　LINE，流行于日本、韩国等国家和地区的社交软件。

● 一个人生活，更自由自在

我自身的经验能够为此做证，由于我在大学毕业前没有先找好工作，因此在毕业后成了打工族，成为大楼清洁员，工作时不必与任何人说话。因此，不论个性再差，只要认真工作，就能拿到薪水。仓库内的轻作业、物流分类也一样。

遇到职场的同仁、前辈，只要说声"早安""辛苦了"就行，剩余时间不会碰到任何人，每天都不必与人说话。回家时去便利商店买便当，然后一个人看电视吃饭，一天就过去了。

现在的我，虽然有工作上的应酬，但和左邻右舍也几乎没有交流。在建这栋自住兼出租的公寓时，我曾遭受附近居民反对，因为我惹他们不高兴（搬过去后，我向左邻右舍打招呼，还有人当面抱怨我呢）。

我其实完全不在意这些琐事，但有位朋友曾对我说："发生地震等天灾时，只能靠彼此守望相助，所以和左邻右舍维持良好关系非常重要。"

对于这点我并不赞同，因为我发觉这种观念源自于"平日搞好关系，别人才会帮你，否则不帮"的农村社会。

这与"电车爱心座我会让座，但一般座位就不让"是类似的观念。当你在电车上遇到孕妇、老人，你会因为自己坐的是一般座位而不让座吗？在我眼中，所有的座位都应该是爱心座。

同样的，不论平日人际关系好或不好，遇到灾难等紧急时刻，不管是谁，我都会予以协助。

我家平日就备有许多矿泉水与干粮，也装有太阳能发电机，紧急时刻可以当作电源使用。除此之外，还有简易厕所与睡袋等，设备十分完善。尤其在一般家庭的储水量上，可说是当地第一。当然我这么做也是为了我自己，并不全然是为了帮助别人。

若你也能像这样照顾好自己，备有充足物资，能够在紧急时刻不分平日交情一律给予同等协助，那么不管自己平常与邻居的关系如何就无所谓了。

我的例子确实比较极端，或许不能当作参考，但只要你能打从心底明白，其实一个人也没什么问题，就能从害怕被讨厌、一定要讨人喜欢的痛苦念头中解脱。这并不代表你就会从此变得孤零零的，因为一定会有很多人更喜欢现在的你。

● 面对家人，你更能表达情感与需求

尽管有人赞成、有人反对，但我认为强烈渴望归属感与认同感，没有朋友就会空虚寂寞觉得冷，却又不擅长经营人际关

系的人，不妨试试相亲。不管通过什么途径，早点结婚生子，拥有自己的家庭，是一个不错的解决之道。

家人是阻挡孤独的防波堤，只要自己不要太夸张，家人通常是很好的倾听者和支持者，是令人感到安心的伙伴。即便没有朋友，和同事处不来，只要回家就有家人，他们便会支持我们。

朋友或其他萍水相逢的人终究是他人，会为了个人利益、想法改变与你的关系。然而家人基本上是不会背叛你的，即便你个性有些阴沉、不善交际，另一半多半也是对你有一定程度的了解，才会带着命运共同体的觉悟和你结婚，所以你大可不必担心要找话题或想办法讨好对方。

只要你拥有一颗体贴的心，直接表达你的情感或需求，就不会有什么问题。

若你单身，假设发生了什么不公不义的事，让你义愤填膺；或者想向别人倾诉烦恼，你就得去找人，而且还要顾虑对方有没有空。但只要有家人，你就随时有人说话，他们会体谅你的心情。期待交流的需求也能通过一家人团圆来满足。

如果有了孩子，你便会为小孩忙得团团转，变得没有时间与他人瞎搅和，也就不会过度在意人际关系了——而且在这种状况下，身边的人通常也不太会怪你。

当然，我不能保证家庭主妇不会陷入和孩子被关在狭小的世界，既没有人能商量，也没有人能共同承担各种带小孩的辛酸，眼看就要罹患忧郁症的困境。但也有人觉得开始带小孩之后，不必再迎合外界，在精神上会轻松许多。

◐ 生活方式的选择，无关对错

我已结婚生子，因此虽然白天几乎都是一个人过，但并不会特别感到寂寞或想找人说话。

我还是上班族时，每天能与同事、上司边讨论边做案子，确实很开心；经营公司时，做出指示，接受别人的求助咨询，大家一起让公司壮大，一起分享能量，也很快乐。

不过现在，我发觉一个人能过得更加充实。一个人可以思考各种各样的事情，推进新企划，通过外包持续将服务扩大；独处还能面对自己的内心，像这样书写文章。

我得以关照自己，每天都过得很快乐。但这全都是因为有家人当后盾，我才能拥有如此充足的幸福感。若我现在"四十五岁，单身"，恐怕不会像现在生活得那么怡然自得。我会参加各种活动，向女性搭讪、交换信箱地址、邀请见面，想尽办法交个女朋友。然后我可能会整天只顾着发短信、打电话，寻找时髦的餐厅、安排浪漫的约会，还要努力打扮自己，去百货公司的男士服饰专柜购买帅气的衣服。而且这些事情都必须与平日的工作并行，多麻烦啊……

然而只要有家人在，我就可以不必在意服装，不必苦思约会行程，加上大都是在家吃饭，因此也不必寻找时髦餐厅。因为我不需要把心思花在多余的事物上，所以能真正专注于自己的工作。

你可能会反驳我："既然这么爱孤单、想要自由，那不结婚不是比较好吗？"但我真的害怕自己到了七八十岁之后，双亲过世，无妻无子，孑然一身。我认为一辈子单身的人就像无根的草一样，轻飘飘的，连自己是否存在于世界上都无法感知，那会让我不知所措。

当然，每个人的感受都不同，要选择怎样的生活方式是个人自由，无关对错。但我个人认为，越是为人际关系所苦、不想孤独终老，或是容易被社会孤立的人，就越应该建立家庭，这样心才会安定踏实。

继续当好人——害怕一个人生活，孤单惶恐。

有小恶精神——找到内心安定，能全力往前冲。

第二章

回话

07

连自己都能牺牲，
你还谈什么未来？

害怕摩擦和冲突，
宁愿扮演好人，
只会让自己陷入不利处境。

为什么有人想当老好人？为何当老好人就得自我牺牲？

选择扼杀自己来讨好别人，其实只是精神无法独立的表现。

一个人只要确立自我，就有足够能力判断：这对我而言是否必要。当然，有时这个判断会与他人产生对立。

"既然双方立场不同，那就通过讨论来解决问题吧！"老好人常常缺乏以上思维，而在与别人意见相左时，习惯以负面角度诠释冲突。因此老好人总会为了避免摩擦，把迎合对方当作解决办法。

除此之外，由于冲突还会耗费精力，害怕矛盾的好人总是在生活中逃避冲突，也因此容易缺乏靠一己之力解决对立的经验。

　　当这两个原因加在一起，好人便会极度恐惧于与他人冲突、摩擦、对立，宁可继续扮演"好人"，让自己的神经绷紧、疲惫，只是为了避免被人讨厌。老是陷自己于不利的，往往都是这一类型的人。

　　确立自我的人，能肯定自身的价值，知道自己就是自己。尽管也会努力避免与他人冲突，但并不会扼杀自我。当他们陷入极端不利的状况时，往往会通过自我主张或谈判来表达意见。要是无论如何都水火不容，也有可能选择离开。他们明白这并不是不可为的事，既然一样米养百样人，道不同不相为谋也只是迫不得已罢了。

　　能像这样保持不过度害怕与他人对立的态度，便能从正面角度诠释"不该勉强自己，而应拿出更多真实的自我与人相处"，交际压力也会因此小很多，活得相对轻松自在。

　　话虽如此，也不是要你从明天开始就突然疯狂地展现自我。毕竟表达自己、与他人产生冲突、被嫌恶，然后解决冲突，整个过程都是需要经验的。唯有借由这些经验不断学习，才能在精神上渐趋独立。

独立之后，你就能活出自我、发挥个性，延伸自己的价值，然后摆脱老好人阵营，如此不但能让人生幸福，也会更加使你快乐。

继续当好人——不敢面对冲突，陷入不利窘境。

有小恶精神——能与人商量，靠自己的力量解决问题。

08

无论再怎么完美，
总会有人看你不顺眼

在现实中，
不论多么棒、多完美的人，
都不可能讨所有人喜欢。

好人心中总有一些迷思，不外乎"被人讨厌就像要去死一样可怕"或"不讨人喜欢，自己就没有价值"。

的确，我们在人生旅程中或多或少都得避免被对自己有好处的人讨厌，但这并不适用于身边所有的人。在现实中，不论多么棒、多完美的人，都不可能讨所有人喜欢，甚至还有人会讨厌太完美的人。

名人之所以成为名人，就是因为他们展现了自己的个性，他们敢说敢做才得到粉丝支持。不过相对的，也有人讨厌他们的发言、反对他们。

即便是同样的一句话，感受也会因人而异。例如，当有人说："啊，今天好热啊！"有人可能会回以"真的"来表示赞同，但也有人会因为"你可以不必提醒我，那只会让我更热"而感到不悦。又或者，当北方出生的人说出："快热死了！"南方出生的人可能只会回答："咦？我不觉得啊。"

有些交往中的女性，遇到对方询问："有想去的地方吗？想吃什么？"会觉得"好温柔，他很在乎我的心情"；反之，也有人认为"优柔寡断，应该更有主见一点"。甚至这些反应也有随时间、场合而改变的可能。

由此可见，想要不被任何人讨厌（或讨所有人喜欢）是非常不容易的，这比登天还难。

就像前面例举过的彩色铅笔，人终究会以喜欢这个颜色、讨厌那个颜色的形式来评判他人。只要有颜色，就会有人喜爱，有人看不顺眼。而讨好周遭人、隐藏自我想法，就相当于把自己变得无色透明，虽然不至于讨人厌，但也不会招人喜欢。有时候，甚至连存在都会被否定、被忽略。因此，**被人讨厌正好证明你活出了自我。**

若你还是害怕被讨厌，不妨试着为自己画一张人际关系地图（不是族谱哟）。首先在纸的中央写上自己的名字，然后把现在和自己有关的人名都写上去。接着在你觉得相处不融洽的人名旁写下和他来往的优点，并间隔一些距离后，再写下缺点。

完成之后，请找找看与相处不融洽之人来往的优点能否由其他人取代。然后，看看有没有人能抵消与相处不融洽之人来往所带来的缺点。当然不可能靠一个人就拯救一切，所以你可以从这个人身上挖一点、从那个人身上找一些，通过好几个人来取长补短。

这么一来，或许你就会发现：即使放弃与合不来的人交往，一样能从其他人际关系中获得充足的支援。即使补充得不够充分，把关系切断似乎也没有那么大的影响。

对此你可能会觉得："以利益得失来评判人际关系，难免会有舍弃，太寂寞了。"那么，不妨把寂寞以及今后将不断累积的精神上的折磨放到天平上，问问自己，究竟该重视哪一边才能为你带来幸福。

当你将时间花在维持现有的人际关系上，便没有时间创造新的际遇，去接触让你更想深交的人。

在日本，光是成人（二十至五十九岁）就有约六千万人。六千万是什么概念呢？假设你每天都遇到一个新人，那足足得花上十六万四千年才能认识所有的人，所以即便和眼前讨厌的人绝交，你还是可以不断遇到其他的人。

当你这么一想，自然就会知道应该把时间用在一边承受精神折磨，一边维持人际关系，还是用在和新人相遇、让自己有机会发光发热，明确怎样才能使你的人生更有意义了。

继续当好人——讨好别人、没个性，与人相处备感压力。

有小恶精神——放下人际关系精神折磨，遇见更多可能。

（09

善良要有底线，
不喜欢又何必赔笑脸

人越好，
越容易顾念周遭、赔尽笑脸，
等到回过头来，
才发觉自己早已精疲力竭。

违背内在情绪，对外表现出相反的行为，是一种情绪劳动（Emotional Labor），这也是我们比想象中背负了更多精神压力的主因。

明明不快乐，却要迎合周遭装作很开心；明明累得不想说话，却得热情款待他人；明明失恋、离婚、父母过世，心力交瘁，却还赔笑脸接待客人……

既然是工作，那就没办法放任不管，总不能自顾自地闷闷不乐吧？更何况轻易地把感情表露出来可能会引发很多问题。

然而凡事都该有限度。尤其人越好，越容易顾念周遭、赔尽笑脸，等回到家才发觉自己早已精疲力竭。不少艺人私底下都会板着一张脸，或许正因为他们已在电视上热情演出，所以必须安静下来累积能量。

有些人碰到人就会累，其实就是因为他们和人相处时非常紧张，老是绷紧神经，因此，千万别太过勉强自己。这种类型的人，或许可以试试看在日程表上将与人见面的日子和完全不见人的日子明确区分开来。

与新认识的人见面，通常精神会比较高亢，不妨就以这种紧张的状态和各式各样的人见面、会谈，隔天再关进办公室里处理文件。让自己沉淀下来吧——我所指的，大概就是这种感觉。

当然，我想有些人因为工作性质的缘故，没办法随心所欲地安排，但这的确不失为一种避免疲劳累积的好方法。

另一个赔笑但不会累的方法，就是刻意让自己成为一个不必装笑也能笑脸迎人的人。若你觉得太困难，下面提供两个简单的方法让你尝试——

一、**对他人抱持感恩的心**。用感谢的心情待人接物，自然会绽放笑容。例如在蔬果店买菜时，老板说："小姐，看你这么漂亮，多送你一个！"相信人人都会忍不住笑着说"谢谢"吧。多拿一份蔬果固然高兴，但之所以笑容满面，其实是因为在心里对老板重视自己的心意产生感激。

二、感受与对方分享时光的幸福。我们常能看到有些情侣，即便坐在咖啡馆里都没说话，脸上还是会不自觉挂着微笑。同样的，如果你能在心里想着"我很快乐、很幸福，所以我要将这份心情也传达给你"，那你就渐渐可以不必勉强自己，也能笑容满面地与对方相处了。只要像这样从自己做起，流露自然的笑容，他人也多会报以笑容。有了如此互动，你就不会那么累了。

如果你无论如何都无法转换成那样的心情，就表示或许对方根本不是你该来往的对象；也可能你并不适合现在的职业；或者在你心中，你就是觉得自己很不幸、很倒霉，老是被卷入不满的旋涡。

若是前者，你可以改变人际关系或职场等环境；若是后者，那你就要改掉妄自菲薄的思考习惯了。

继续当好人——赔笑得好累，因精神压力疲惫不堪。
有小恶精神——自然地笑脸迎人，魅力大增。

10

学会拒绝，
做自己人生的主角而非配角

无法拒绝，
就得将宝贵时间浪费在无聊事务上，
等于将一部分人生奉送他人。

上司邀去居酒屋，妈妈友约午餐聚会，同事约逛街购物……其实你根本不想去，但又怕被嫌难相处，或觉得对方盛情邀约自己不该扫兴，担心下次他们就不邀请你了——每当这些恐惧席卷而来，你常常就无法拒绝，这是典型好人的思考模式。

然而，就因为你无法拒绝，结果得将自己的宝贵时间浪费在无聊事务上，把重要的一部分人生奉送给他人。如此一来，你不但得不到回馈，甚至还会产生金钱上的损失。

换言之，无法拒绝只是白白将自己的时间与金钱送给他人使用，甚至还隐藏了感觉不到自己生存意义的风险。

因此，勇敢拒绝你觉得无聊的邀约是非常重要的，这么做才是珍惜自己人生的表现。只要眼前邀约对你的未来没有发展性的影响，就应该鼓起勇气拒绝。

可是就是无法拒绝，所以才会感到苦恼啊——这样的话该怎么办呢？这里有个好方法，那就是平日先准备好一套"推辞的借口"。

最好别用"父母病倒了"这种一下就会被拆穿的借口，免得不小心激怒对方。当你使用这类明显在说谎的理由拒绝，会引发反感和愤怒，对方可能会觉得"这种程度的谎话你竟然会觉得对我有用"，认为你把他当笨蛋耍。所以，我们必须想出一套能让对方听了觉得"那就没办法了"的说辞。

● 拒绝说辞有准备，让人知难而退

好用的说辞如"我要参加英文会话课"等进修学习；有家庭的人可以拿家里的事情当挡箭牌，例如"我要负责煮饭"之类，这样通常就能拒绝掉餐叙等无聊邀约。

如果家里有孩子就更方便了，要接孩子、照顾孩子、陪孩子读书、去参加孩子的活动……你可以准备很多对方无法确认而且也不能强迫你出席的借口。

喝完酒要进行下一项活动时，你可以用明天还要早起、老婆会生气、钱带得不够等理由来拒绝，或假装家人打电话来，又或者装作有点不舒服。

以上这些都是些常见的方法，应该能帮你推托掉临时冒出的无聊邀约。比较难推掉的是很早就想跟你约定的行程，例如在八月就问你："十月有没有空，要不要去喝一杯？"

遇到这种状况，你可以用"医生说我血糖太高，要避免晚上外食"等健康因素当挡箭牌，或者也可以用"对不起，因为工作的关系，必须到时候才能确定时间……"来推辞。

除了以上状况，我们有时候也会遇到不太熟稔、许久未联络却突然邀你参加婚礼的人。

喜宴的邀请常常让人很难拒绝，因为如果告诉对方你安排了比婚礼更要紧的事，很可能会让对方不高兴地质疑："原来我的婚礼那么不重要？"因此一般常用的借口不外乎那天要为父母过生日、刚好要去旅行等等，不过这些理由若用太多次，很有可能会穿帮。

建议你先别急着回答，上网搜寻各种资格考试日程，看看有没有哪些国家资格考试刚好与婚礼是在同一天，若有，就可以用"那天我要参加××考试"当借口来躲过喜宴了。

如果是司法考试、会计资格考试等，你可能会被怀疑"要换工作吗"；若不是，可以回答："以备不时之需。"这个说法算是通用的。

当然，我只是举出范例，你也可以事先准备好其他符合自身情境、让对方听了觉得"那也没办法"的拒绝说辞。要是没事先想好，临时可是找不到借口的。

◐ 适时拒绝，才不会惹怨言

在工作上，我们也常常会碰到一些令人难以拒绝的请求，例如"希望你可以帮我介绍某某人"。

倘若这样的介绍对被介绍者而言并无好处，你很可能会惹来怨言，因此要特别注意。因为拜托你介绍的人，很有可能只想着自己，其他借口都只是随口说说。遇到这种状况，被介绍者可能就会觉得"搞什么鬼，介绍了一个怪咖给我"，导致你失去他的信任，丧失一条重要人脉。

这时，你可以说"对方很忙，可能有困难，但我会帮你问问看"蒙混过去；也可以用"可是我跟他并没有那么深的交情……不好意思"来推辞。

万一真的躲不掉，不妨用"你大概想和他谈什么呢？我可以先帮你跟他说说看。如果不错，我想他应该会有兴趣……"来事先牵制。

除此之外，我们也有可能遇到"你能不能过来帮忙"之类的请求。面对这种要求，好人总会轻易答应，但可能因为品质不符合对方要求或延误而被人抱怨，令自己苦不堪言。

所以，不妨事先想好拒绝的说辞，比如"抱歉，我已经忙不过来了""不好意思，那份工作我不擅长，只怕会越帮越忙"，等等。

话虽如此，推辞工作也有可能扼杀了自己的可能性，甚至失去周围人的信任，尤其当你还是个新人时，最好还是以"不拒绝"为前提来思考适当的应对方式。

● 为自己考虑，别同情推销员

好人常常连面对推销员都会因"想当好人"而无法拒绝。

不想被视为奥客[1]，不愿让人失望，拒绝好像会被讨厌……最后只能掏出荷包。好人会如此，只因为比起拒签高额商品合约，"对方都好说歹说了，真不好意思拒绝"的情绪占了上风。一旦这种情绪在他们心中沸腾，即便是一些无用产品，不少人还是会买下。

若你总是无法拒绝，不妨提醒自己不要看人，改看商品价格。会陷入那种迷思，只是因为你看到对方的表情，接触了他之后产生了移情作用。建议你多将注意力摆在"这个商品我真的需要吗？价格合理吗？是否有其他代替品"上，而不要去注意那个人。

另一个方法，是秉持"我只是数百、数千名客人中的其中一人"这样的信念，千万别为了对方，而是要替自己去思考要或不要。

推销的原则本来就是要与顾客建立信赖关系，所以他当然会好说歹说地想亲近你。然而这只不过是一个推销员的基本做法而已，他并不是单独针对你，而是对所有的人都这样。所以，你若因相信对方而掏出钱包，其实就只是单纯地落入了推销员的销售陷阱。

1　奥客，闽南话，指挑东拣西、乱讲价的客人。

就算你不买，也会有别人买。即使少了你，那位推销员的生活也完全不会受到影响。所以，你不必在意对方表现得多么真诚、多么热心，他只不过是在做自己的工作罢了。

继续当好人——忙于推不掉的应酬，损失时间与金钱。

有小恶精神——为自己做决定，不用平白损失时间与金钱。

11

你若委曲求全，
别人更加得寸进尺

为了息事宁人，
不愿刺激刻意刁难你的人，
只会让对方得寸进尺——这就是大人间常见的霸凌。

"你还单身？差不多该定下来了吧？"面对这种没礼貌的
关切，你是如何回答的呢？

很多人会说："关你什么事？"但事后仍觉得心里不舒坦，
若这时能反击："你才太安定了吧！我还没老呢……"肯定很
痛快。

然而好人正因为身为好人，因此字典中没有"反击他人"
这些字眼。于是他们总是委屈自己，一次又一次地压抑愤怒情
绪，而后辗转反侧、夜不成眠。

现今的社会环境讲究和谐，随意谩骂的情况并不多见。不过私底下的人际关系，例如亲师会、儿童会、社区委员会等场合，人与人之间的喜爱、憎恶、愤怒等情绪便很容易激起冲突，导致一些无谓的责难或批评。你是不是也曾受过以下委屈呢——

　　啊？怎么事到如今才这样说……

　　那件事情不是和我无关吗……

　　话不必说得那么难听吧……

　　我也有为难的地方啊……

　　竟然叫我看着办……

　　不可理喻的人非但不会察觉自己说的话不可理喻，还会认定自己是对的。由于自以为是对的，他们常会将想法强加于人，企图控制对方，而且在心里认为不听话的人都是错的。倘若你反驳他们，还可能遭受另一波攻击。

　　遇到这种情形，好人往往会吓一跳，然后噤若寒蝉。即便对方说话再难听，也无法立刻反驳。就算被刁难、辱骂，或被大声呵斥、说三道四，也只能傻愣在那里。

　　好人会茫然以对、任人宰割、无法反击，等到对方拍拍屁股走人了，回到家才开始暴怒，不断责怪自己"为什么我就是说不出口""真不甘心"，结果郁郁寡欢——任人宰割实在是一件令人恼怒的事情。

⦿ 人家无理取闹，你也无须认真

简单又不会过度刺激对方，而且能收拾场面的推辞，就是"所以呢？"这个问句。若你遇到不可理喻的状况，只要回以此句即可。

例如，对方说："都是你的错！"你就回："所以呢？"对方说："给我负责！"你也回："所以呢？"只要这样一直重复就好。就算对方呛："你在说什么'所以呢'？"你也只要回："所以呢？"即使遇到"你就只会说'所以呢'"，还是只回"所以呢"就好。

这个"所以呢"连发策略，带有那又怎样、所以你要怎么办、所以你到底想说什么的意味，能够将对方话中无理取闹的部分突显出来。几次之后，对方就会自讨没趣地走人。

但想要把这招做到那么彻底，对"好人"来说是很困难的，好人容易在途中认真反驳对方的言论，结果自掘坟墓。为了避免这个状况，你必须毫不犹豫地想："你可以把我当白痴，反正只要你别再烦我就好。"一旦认真回应，就正中对方下怀。

● 为自己反击，你会站得更稳

假设有人充满攻击性，刻意刁难你，但身为好人的你，实在不愿刺激对方，所以提醒自己息事宁人，结果对方竟得寸进尺，不断地攻击你——这就是大人之间常见的霸凌或职权骚扰。

说得难听一点，刻意找你麻烦的人本身就有病了，你根本不必顾虑这种心理扭曲的人。若彼此关系恶化，还不如直接赶走他，这么一来你才会有平稳幸福的日常生活可过。

除了可能被不断攻击这个缺点以外，**任人宰割的人，即便自以为处事圆融、冷静，也只会给旁人不可靠的感觉**，因为好人毫不抵抗。唯有反驳不可理喻的攻击，才会让自己显得可靠。

我在面对网络上指名道姓的批评、谩骂时，总会全副武装地应战。当然，那些酸言酸语绝大多数都是盲目的诽谤、中伤，没有回应的价值。如果火上浇油那就太笨了，所以大部分时间我都置之不理。

然而，如果骂我的人公布了自己的真实姓名，或者他是个著名博主，影响力甚大，我就会用自己的公开媒体全力反击。

　　之所以这么做是因为：**沉默有时候会被误以为是默认**，这样一来，会对不起相信我的读者以及对我有所期盼的家人和伙伴（当然，我绝不主动指名道姓攻击人）。更何况，霸凌你的加害者一旦知道你逆来顺受，往往会变得更加猖狂。这种人只要开始担心被欺负的人动怒后不晓得会做出什么事情，他自然就不再去招惹了。

　　因此，我总会先准备好一套说法，来击退这种心理变态的人，以下是我准备好的反击说辞，仅供参考——

　　你说的话真令人失望。

　　我不认为成熟的大人会说出这种话。

　　你的反应真幼稚。

　　别再疯狗乱吠了，多难看。

　　像你这样的人竟然只有这个程度，太令我失望了。

　　你几岁？活了几十年，只有这点道行吗？

　　你脑子有洞吧？不要紧吗？

　　别像个白痴一样说话好吗？

　　所以呢？你赚多少？

如果对方说："你是存心找茬吗？"我会回："我只是在担心你，你看你的被害妄想症多么严重。"

如果对方说："你这人真没礼貌！"我会说："不好意思，良药苦口。"

如果对方说："你太傲慢了！"我会反击："你的词库里就只有这么幼稚的词汇吗？我真为你的大脑感到悲哀。"

很凶狠吗？没关系，说这些话的目的只是让对方恼羞成怒而已，是专门对付不可理喻之人用的，平时禁止乱说哦。

不过，若是一看就鬼鬼祟祟、神色怪异的人，最好别和他多周旋，当作没看到，赶紧离开才是上策。虽然只是少数，但就是有疯子会故意犯罪，企图扰人安宁。比如说刻意制造噪音、蓄意在你家放火、在邮筒中投入秽物等等，有时候他们的行径完全不是你能预测的。

我上面介绍的那几句话，只是用来回应向你出言不逊的"不可理喻之人"而已。

继续当好人——被无理欺压也无法回击，闷闷不乐。

有小恶精神——能反击不可理喻的人，让自己站得更稳。

12

顺从只能换来表面假好，
而非交心

用眼不见为净的方式逃避，
伴侣间就会缺乏心灵交流。
就算相处再久，感情也不会变深厚。

"好人"恐惧与他人摩擦，即便对他人言行不满，仍会害怕争执，因此无法将心声传达出去。像这样做好人，反而极有可能失去与重要的人之间的亲密交流。

心有不满却不说出口，相当于把自己的心情掩盖起来。当转变成怨恨，累积久了，就会因为忍无可忍而爆炸。一旦不满爆发，人的态度便会失控，容易口不择言。对方在这种状况下通常也会被情绪冲昏头脑，往往导致双方产生激烈的口角，关系出现裂痕。

若在伴侣关系中扮演好人，彼此便容易相敬如"冰"。好人不愿发生摩擦，因为他们觉得争执很麻烦，会避免将不满说出来。即便有不满，也会用"好好好"随便带过，以减少纠纷，安稳度日。

然而这种掩耳盗铃的逃避方式反复下来，伴侣间便会缺乏心灵交流。即便一起生活了好几年，感情也很难随着相处时间的累积越来越深厚。

这样的夫妻就算表面看起来一派和谐，实际上却是同床异梦；明明是家人，相处起来却不自在。接着婚姻关系就失去了意义，变成假面夫妻。住在同一个屋檐下却各过各的生活，甚至对另一半已经漠不关心，一条短信便能离婚。

过度扮演好人，不但得不到回报，人际关系还会恶化，我相信当事人都不希望看到这样的结果。

在我的想法中，争执是必要的修正行为，目的是守护与重要的人之间的关系。

这并不代表一定要吵架，没有什么事情是非得靠争吵来解决的。只要我们是独立的人，势必会有意见相左的时候。即使是家人，其实也都是独立的个体，价值观不同，个性也不一样。当然，彼此之间也会有所不满，有时甚至会彼此不合。

因此，想要与他人维持长久的良好关系，就必须接受彼此的不同与对立，然后逐渐磨合。

　　我们并不是超能力者，话不说出口，别人是不会知道的。若都不说出来，彼此的行为就不可能改变，这只会导致我们永远感到不满。或者，我们会为了让自己忍耐下去，结果反而扼杀了对他人的情感，这样就会像前面所说的一样，彼此关系降到冰点，开始漠不关心。

　　许多上了年纪的人，很爱对人抱怨："做事要机灵一点。""不说你也该知道啊。"这种人要不就是爱在脑内上演科幻片，以为别人都有超能力读心术；要不就是一些傲慢自大的人，以为别人都该照他的想法去做。

　　然而这并不代表我们就不必努力去解读对方的心情，反而应该积极告诉对方自己的想法，这一点非常重要。

　　像这样的争执在字面上虽然像吵架，但并不会把不满或要求强加于人，也不会过于情绪化地谩骂。我们应该多多表达自己的不满与期望，一同讨论如何磨合双方的差异，并考虑修正方法，好为彼此建立更融洽良好的关系。

　　反过来说，若是与毫无关系的陌生人争吵，我们往往就不会将互相了解当作前提了。因为不想和对方维持良好关系，所以开口尽是"开什么玩笑""你说什么？王八蛋"等叫嚣。

　　这不算是沟通，而是单纯的争执。正因为如此，社会上才会发生电车内斗殴事件，甚至有人只因车辆擦撞就杀人泄愤。

面对重要的人时我们绝对不该这么做，而是要彼此沟通，说出自己有哪些不满，向对方好好确认需要修正的地方，该让的地方就让，该改的地方就改。为了除去心中的芥蒂，还要同理对方的情感，尊重对方的想法。

若这么做会造成对方的负担，那就该寻找"到这里为止做得到，再超过就不行了"的底线，彼此让步，找出舒服的相处模式。

换言之，大人间的争执是一种问题的解决方法，为了与重要的人长期构筑良好关系，这是必要的修正手段。

继续当好人——无法磨合自己与他人的不同处，难以交心。

有小恶精神——将不满传达给对方，加深交流。

13

隐藏个性到处迎合别人，谁敢信任你？

能表达己见、个性突出的人
通常比较受到公司青睐，
而好人往往只会接到烂摊子。

好人连在工作中都很难结交到可靠的伙伴。原因是：人在
接触到他人的性格时，会因个性之不同产生喜欢或厌恶等情
绪，但由于好人习惯隐藏自己、不吐露心声，因此别人很难感
受到好人的魅力，结果好人便无法获得他人的信任。

这个现象在社会上也是一样，好人做过头，虽然不会树
敌，但也不会保护自己的伙伴，不但在紧要关头不会受人所
托，公司内就算有新企划也轮不到好人头上。

比起人畜无害的好人以及脑筋死板、一面倒的人，能够堂

堂正正表达己见、个性突出的人更容易受到青睐，被交代新工作，因为他们会给周围人能有一番作为的期待感。相反的，好人往往只会接到烂摊子或杂务。

即便是推销员谈生意，若光讲产品的优点，也会令人起疑："怎么可能只有好的一面，没有坏的一面？"若能加上缺点，将两者都提出来，就会令人感到可靠许多。

同样的，我想一定有人遇到过过于和蔼可亲、巧舌如簧的推销员，怎么看都像在演戏，很不可靠。只向人介绍好的一面，难免会启人疑窦，怀疑"真的有那么好吗"？反倒是老实木讷但有人情味的推销员，比较容易博得顾客的好感。

因此，你必须将真实的想法连同自己比较没自信的个性部分都展现出来。当然，你不需要表现得太过火，以免惊吓到对方。

当你展现出真正的自己，便会有人觉得你值得信赖，当然也有可能有人会非常讨厌你。但这无关好坏，只是人性本来如此而已。

在会议上的发言也一样，能率直表达意见的人，虽会树敌，但也会缔结伙伴。不论是备受尊敬的人，还是有魅力的人，都有着他个人独特的想法、意见或主张。讲出不痛不痒的意见，只会让人想"哦"一声带过而已。在公司里，越是令人崇拜、觉得"他好棒"的人，越会有人认为他好碍眼、好傲慢，视他为眼中钉。

继续当好人——没有敌人，但也没有伙伴。

有小恶精神——虽会树敌，但也会结交可靠的伙伴。

14

在别人面前"装乖"，
是对自己人生"使坏"

没自信的好人常把"做不到"挂在嘴边，
不去思考和判断，
眼里只看到满满的风险。

好人会迎合周遭，以免与他人产生摩擦；也会避免为自己下的判断而负责，因为让他人决定再跟从——心里比较轻松。所以好人总是没有自我，习惯随波逐流。

像这样没有自我判断标准的人便容易受他人影响，人云亦云。比如："他说好，我就好""电视上都这么说了""网络上的评价都这样写了"。即便不认识也没见过发言者，好人也会盲目地相信（不过这点有好有坏就是了）。

举例来说，好人即使不认为自己的酬劳很低，但若同事说："我们公司薪水很低，都快待不下去了。"好人就会上钩，觉得"好像是这样，没错"。一旦好人同意对方这种说法，就会真的感到不满。像这种容易受他人影响，变得越来越不满足的情形，也是好人的特征。

容易受他人影响，有时虽会给人乖巧、惹人怜爱的印象，但就像坚定与顽固是一体两面一样，乖巧与停止思考其实也是一体两面。

这类人所处的环境往往要求他们高度服从，例如，父母可能很早就将其未来的一切安排好，从小就剥夺了他们自我判断的能力。因此他们不擅长理性、逻辑性的思考，个性软弱，害怕做决定。即便是换工作、结婚这些重大抉择，也会发着抖一拖再拖。

好人之所以常把"我做不到"挂在嘴边，其实也是对自己没信心的表现。好人害怕思考与判断，眼里只看到满满的风险。

在这个族群当中，有不少人容易被拦截兜售，或者受到占卜、心灵成长、新兴宗教等影响。对自己的生存之道与价值观没有坚定信念的人，容易觉得这类抽象缥缈的东西接触起来很舒服。

想要摆脱这种状况，就得相信自己的价值观与判断能力。方法之一，就是养成去了解自己所有判断与行动之理由的习惯。

以我个人为例，我在乘电梯时，总会先按下关门的按钮，再按目标楼层，目的是节省时间。因为与先按目标楼层再按关门相比，反过来操作速度会比较快。以此类推，想买东西时，你也不能只顾着"想要"，而要思考购买后能得到什么具体好处，让自己拥有购物的理由。包括搭上电车后为什么站在这个位置，通勤时为什么玩手机，为何走这条路去公司……和同事吃午餐时，不要只是说"那我也点一样的"，而要明确知道自己为什么选择这道餐点。针对上司的指令为何这么行动？不能只是因为上级有交代，而是必须要有自己这么做的合理原因。

如此一来，你便能养成习惯，会在所有的判断与行动里思考自己的根据和理由，接着借此找出属于自己的价值标准，并且相信它。这将成为你培养出坚定精神的准则，也是不再轻易受他人意见动摇的基石。

继续当好人——忙着"装乖"，老是受到他人影响。

有小恶精神——对自己的判断有自信，不会随便动摇。

15

好人不长命！
饱受压力委屈，能活多久？

好人容易感觉到过多的负荷，
也容易累积压力，
让自己身心受创。

好人常常把一般人认为不太要紧的小事情想得太过严重，他们容易受到刺激和打击，也由于老是忙着在意他人的目光，结果使得自己的一言一行都变得小心翼翼。

因为这样的坏习惯，好人容易感觉到过大的压力，也容易为自己累积压力，甚至有可能因此减短寿命。

● 过大的压力，会造成身心疾病

我们常说适度的压力对身体是必要的，但若长期背负过大的压力，免疫力便容易下滑，会引发各式各样的疾病。不论多么注意饮食与运动，当心理不健康时，身体就会无法维持健康。

接下来的文章内容会稍微专业一些，我将用医学原理来解说为何压力会使我们失去健康。

首先要知道，我们的身体是由自主神经系统（Autonomic nervous system）与荷尔蒙（Hormone）这两大机制维持的。

自主神经系统是指无法以自我意识控制的神经系统，负责运作心脏、肠胃等器官。这些自主神经，由在白天处于优势、使身体活化的交感神经（Sympathetic nerve）以及在夜晚处于优势、让身体休息的副交感神经（Parasympathetic nerve）彼此协调运作，具有掌管生理活动的重大功能。

强大的压力会使自主神经的平衡崩塌，使交感神经处于优势。交感神经是促进身体活动的神经系统，会提高血压、收缩微血管，让血液保持在躯干里。当末梢血液循环不良，血流便会凝滞，造成体温下降，导致各种酵素的作用与免疫细胞活动迟缓。

此外，压力还会抑制掌管休息与睡眠的副交感神经，导致睡眠品质不佳，于是入睡时分泌的各种荷尔蒙便会短缺，使得白天受损的细胞修复变慢，老旧废物排出迟缓，细胞代谢跟着恶化。

为了对抗压力，人体还会分泌**皮质类固醇**（Corticosteroids）。皮质类固醇在合成、分解时会产生**活性氧化合物**（Reactive oxygen species，ROS），导致身体氧化。活性氧化合物会破坏DNA，是癌细胞的温床。

像这样，当强大的压力导致交感神经持续处于优势，就会造成高血压、血液循环不良、低体温、免疫力大幅下降……形成容易罹患癌症、染上所有生活习惯慢性病的体质。不只如此，这种状态还会使细胞劣化、提早衰老，导致外表看起来比实际年龄苍老。所以闷闷不乐的人，不论身体机能或外貌都会衰退。

● 压抑自己，就是自找压力

想要避免这种状况，最终还是得从较正面而非太负面的角度看待事物。

若你觉得就是做不到正面思考才那么痛苦，那就亲自动手，让环境变得不易引发负面情绪。

例如，将喜欢、擅长的事情变成你的工作，创造自我表现的机会，掌握自由裁量权等等。

首先，若能**把喜欢或擅长的事情变成工作**，你就能乐在其中，再苦也能甘之如饴。就像热爱钓鱼的人即便已经钓了一整天，也不会觉得"我今天很拼命""好痛苦"。只要把兴趣与工作放在同一条线上，即便埋首好几个小时，也不会轻易感受到负面压力。

所以我必须再重复一次，即便一时收入下降，我认为还是应该去做些不惜换工作也要做的事，这样你的人生才会过得满足充实。

接着是自我实现——抒发自己的想法、主张，获得他人认同，这能满足自尊心，使我们拥有自信。

艺人看起来总是容光焕发，也是这个道理。他们不仅仅是沐浴在镁光灯焦点下，更因为能表现自我，因此不易把压力闷在心里。

上班族也一样，若上班族在公司以外，有博客、读书会、研讨会等能发表自己想法的地方，或者家庭主妇善用自己的手艺，在家里开设烹饪课程或花艺课程，便会给人充满活力、朝气蓬勃的印象。

最后是**自由裁量权**，也就是能按照自己的意愿做决定。当人无法按照自己的意愿行动，便会感受到巨大的压力。

当小主管容易累积过多压力，引发代谢症候群、高血压等，原因就在于小主管不但决定权不大，常常还得面对下属的抵制、上司的施压，很容易两面不是人。

如此看来，随心所欲地工作不但能减少压力，还能维持并提升免疫力。不过，世界上当然没有完美的职场或工作，有的只是程度上的差异。

像这样调整环境，搭配适合自己的减压方法，使压力不要以负面的形式累积在心里，便能维持身体的免疫系统良好运转，使细胞常保健康。

继续当好人——累积压力，加速老化与病痛。

有小恶精神——压力减轻，活得年轻有朝气。

第三章

常理

16

"叛逆"才能出众，
墨守成规只会出局

若渴望有一番作为，
想在某个领域发光发热，
最好现在就当机立断，放弃当"好人"。

究竟如何规划自己的人生，才能过得更快乐、充实呢？

如果你一辈子只想图个平顺、不惹人注目、默默度过，那么继续当个"好人"会是不错的选择。

但如果你期待自己有一番作为，想要在某个领域发光发热，最好现在就当机立断，下定决心让自己"坏"一点，别再当"好人"。

这并不是教你作奸犯科，而是希望你能当个"怪咖"。怪咖们尽管与他人面对同样情形，却能因为拥有不同看法和思维，会采取跟别人不一样的行动。

看看我们周遭吧！那些被誉为成功人士的，哪个不是特立独行的怪咖？有许多人都让身边的人觉得"他好怪""脑筋不正常"。这是因为他们总看到一般人不会发觉的细节，启动感性的一面，然后提出："那样不是很怪吗""这样不太方便吧""改成这样不是更好吗"等等意见。

不论周围的人如何用"不要啦""风险太高了""没用啦""不可能吧"泼冷水，他们总是不以为意地照样行动。

若你在创业家经营的中小企业工作，不妨回想一下老板的人格：他是个彬彬有礼的绅士？是个值得尊敬的人吗？不，恐怕多数老板都让人不以为然。

发动改革、带来创新商品或服务的人，绝大多数都是怪咖。相反的，"好人"往往引发不了革命，因为他们是"墨守成规的人"。

如果你想成为革命性的人才，你就必须习惯别人投以"那家伙有点怪""他跟一般人不一样"等眼光。对于目标是成为那种怪咖的我而言，"你好怪""太特立独行"都是最棒的赞美。

◉ 活出自己，才不会被人群给淹没

想成功还有一个要点，就是不要与他人比较，应该好好拓展自己的反差**期望值**。

不论是恋爱还是工作，一般来说，好人都会选择过得平顺安稳，也因此他的下一句话、下一个行动，往往不出人所料地平凡。若与他相处的人刚好期望他那么做，彼此虽然颇有默契，却难免给人"他人虽好，但很无聊"的印象。

因此在恋爱方面，我建议好人应该偶尔准备一些令人喜出望外的惊喜或约会行程。

即使那让你担心"他不会觉得太铺张吗""这样会给别人添麻烦吧""会不会太一厢情愿"，也应该试试看。因为只要表现出我想让你开心的拼劲，通常都能把这份心意传达到对方心里。

工作上也一样，做事总在预料之中的人，虽然让人觉得放心，但往往也令人感到索然无味。因此，我们必须寻找**大幅提升他人期待值**的方法，思考不一样的发言与感想，来扩大**自己与周遭人之间的印象差距**。

例如，假设我是个装修业者，被找去评估房屋状况后，我可能会告诉顾客以下评估："这里还不必装修，若真的有问题欢迎再联络我。"然后就打道回府。这样顾客说不定会觉得："啊？明明是装修业者却放弃装修机会？看来他真的在为顾客着想。"

若我是服务生，我则可能会对犹豫的客人说："这道菜量比较多，两个人吃的话点一份就够了，觉得不够可以再加。"刻意不让顾客多点餐。这样做的话，顾客很有可能会因为感觉这位店员好贴心，然后多问一句："有什么推荐的吗？"**追根究底，就是要出人意料。**

● 太乖巧，就会停止思考

想要在往后的日子里靠自己的力量生存，就要勇于怀疑常识，靠自己的头脑构思企划与方法。毕竟不论是舆论或会议，若你的思考前提是"人云亦云"，就会容易停止思考。

就好的方面而言，这种推翻他人期待的创造力，不只能提升自身的魅力，还能帮助我们在商场上突显风格，并生存下来。这是一股非常强大的力量。

因此，我们最好养成习惯，平常就以不同于他人的角度思考。

在我的想法中，做令人诧异的事情、说让人情绪动摇的话、成为他人眼中不按常理出牌的人，都是创造新价值的原动力。当然，我不是要你抱着绒毛娃娃上班，或者半夜尖声怪叫，四处奔窜。

继续当好人——只能自甘平凡，一辈子庸庸碌碌。

有小恶精神——敢做自己，迈向成功。

17

出外靠朋友，
但讨好来的友谊能有几分可靠？

结交的朋友再多，
若无法说出真心话，
久而久之心灵相通的感觉便会消失，
你只会更加寂寞。

人们常以为孤独就是寂寞，总是落单表示人际关系不良，没有朋友就是做人失败。

的确，一个以自我为中心、满嘴抱怨、老是批评他人的人，不管是谁都不会想靠近。但这样的人总是独来独往，其实老早就习惯了，他们根本就不以为意。

但好人就不一样了，他们往往会被这种思维影响，认为自己朋友很少就没有价值。他们害怕孤独、讨厌落单，总是成群结队，习惯压抑自己；他们不断看人脸色，最后心力交瘁。

从《航海王》《火影忍者》这类脍炙人口的日本少年漫画中就可以发现，时下的人们认为重视伙伴情谊是件很重要的事，而友谊万岁的概念，早已植根于整个社会。甚至家人、学校、社会，都会施加"朋友越多越好""交友广泛的人比较有价值"等压力在我们身上。

在日本有一首名叫《当成为一年级新生》（日文名为《一年生になったら》）的儿歌曾唱道："升上一年级后，可以交到一百个朋友吗？"我想这大概也是为国民植入友情至上主义的教育中的一环吧。

然而事实是，只要有一百个人，就会有一百种价值观与主张。假设你现在真的有一百个朋友，那么想要维持人际关系，就得去配合一百种人。

如果这一百个人都能与自己处得来最好，但好人就是会去迎合那些明明处不来的人。想这样子持续与一百个人维持互动，在生活中演戏的频率就得增加，于是越来越无法说出真心话，久而久之，心灵相通的感觉便会消失，结果变得更加寂寞——好人总会陷入这样的人际循环。

○ 真心的朋友，一个不嫌少

我们或许得通过接触形形色色的人来培养沟通能力，促进自我社会化。但我认为，朋友少一点，其实也没什么问题。

成长过程中真正需要的，是好好体会那些对父母难以启齿的烦恼、不安，比如说害怕成绩不好、担心恋爱失败、对未来感到茫然等等，并在认识到自己那样的情绪之后，想办法诉诸语言，与朋友们进行心灵层面的交流。

深层交流是需要时间的，能与你深入相处且志同道合的朋友，其实并不多。如果真的要与一百个朋友交流，还能像这样深交吗？想必很困难吧，因为我们的时间毕竟有限。

不论拥有再多朋友，如果不能谈心，心灵不契合，都只是徒增寂寞。所以，我认为朋友少一点也不丢脸。能一同流泪、欢笑、互诉烦恼的朋友，就算只有一个，也足够了。

这不是要否定你与一百个人来往，而是想让你知道，当你在与这一百个人接触时，只要筛选出与自己合得来的人就可以了。

认识许多人固然有趣，但磁场不合的人其实还是会自然疏远的；随着我们自身的成长，契合的人也会不断改变。

相处起来舒服，无须压抑自我，也不必费心炫耀："我去了夏威夷旅行哦！"能放心聊任何心事，就算沉默也不会令人坐立难安——像这样的知己，只要有一人不就够了吗？

☺ 出外靠朋友，也得是可靠的朋友

走上社会后，就算没有朋友，也不会造成什么问题。大人遭遇的烦恼、瓶颈，绝大多数都得靠自己解决，更何况现在只要用网络搜索，什么都能找得到，小小的烦恼或困扰，靠自己就能找到解决方法。

虽然大人有时候也会碰到自己处理不了的问题，但这种时候，付钱请专家来帮忙就好了嘛。

举例来说，假设你正为该换工作还是创业犹豫不决，通常都不会考虑找公司的同事商量吧。毕竟跟没有相关知识、经验的朋友讨论，搞不好更容易走错方向。

一般情况下，我们要不是自己思考后采取行动，要不就是找公司内让我们敬佩、想效法的人商量，或者向转职顾问、猎头公司咨询；而想创业的，则会尽量向成功创业人士取经。**可见帮助我们解决问题的人，很多时候不见得是朋友。**

仔细想想就知道，通常参加同学会与以前的朋友聚餐，也大多在报告现况或聊"那个人现在在做什么"之类的没营养的八卦；职场的同事聊完工作话题后，感情也不见得特别好；与妈妈友或小孩的朋友进行的家庭交流，通常也只限于他们还小的时候，等到孩子一长大，即便大人不介入，他们也会自己处理好。总之，对普通大人而言，有没有朋友，并不会造成什么特别的变化。

当然，很多机会是别人带来的，朋友也多少会帮助我们，所以我不是在否定友谊。但是你绝不需要去迎合"人应该多交朋友"这样的社会压力，强迫自己去喜欢他人，努力不被讨厌。说真的，如此劳心劳力没什么意义。即便没有朋友或者朋友很少，你也根本无须在意。

当你看到有个大人嚷嚷着"好朋友非常重要"，那你就要对这个人特别注意了。这类人很有可能无法自己消化情绪，需要吐苦水的对象；不能自己解决问题，需要有人陪他商量；或者对自己的人生没有自信，需要有人同理、安慰他——与这种人扯上关系，恐怕得应付长时间的电话和又臭又长的短信。

说了这么多，我的重点到底是什么呢？那就是，当你发觉人际关系已经让你喘不过气时，就好好地与相处起来不舒服的人断舍离吧。即使因此身边没有任何一个人能称作朋友，也无所谓。

这并不是要你切割或无视他人，而是要你明哲保身，适度地与他人保持距离。

若你因为工作或亲师会等关系无法避免，那就只谈要紧事，维持公务联络就好。不要接近小团体，不要参与他们的聚会，也不要闲话家常，重新注册 LINE 和 Facebook 新账号。

即便这样把人际关系斩断，由于疏远的对象都是处不来的人，所以不但不会发生任何令你困扰的事，反而能减少无谓的精神负担，让自己轻松许多。说得极端一点，结婚时就算邀请不到朋友，也可以只邀请亲戚嘛。

继续当好人——就算身处朋友堆，也觉得寂寞。
有小恶精神——交到能推心置腹的真实朋友。

18

别被世俗眼光绑架了！
除了压力，它什么也没给你

> 所谓的世俗眼光根本不存在，
> 那不过是你内心杞人忧天罢了。

我们常听人说，读了大学才算独当一面，结婚有家庭才算独当一面，买了房子之后才算独当一面……若你与上述条件不符，就会觉得被世人看笑话，不晓得邻居会说些什么闲言碎语，觉得很丢脸。要知道，这样的思维模式正在束缚你，让你越来越不幸福。

所谓世俗眼光，到底是谁的眼光？这个世俗眼光，会给你工作、付你薪水？会带你去旅行、请你吃饭吗？

在意与自己没有直接关系的陌生人，对你究竟有什么好处？担心平日顶多打声招呼的邻居的评价，对你有任何帮助吗？

其实所谓的世俗眼光根本不存在，那只是你心中对于"人家要是这样看我，该怎么办"的恐惧，是你杞人忧天。

当然，如果你是名人，别人的负面评价可能会害你被电视台或周刊追踪报道，导致工作锐减。就算是普通人，要是在社交网站散播不当照片被抓到，一样会遭到攻击，在学校或公司传开后甚至会被退学或辞退。

然而在我们一般人的日常生活中，不去在意世俗眼光，其实并不会发生什么令人困扰的事。相反的，在意世俗眼光，也不会让我们就此快乐起来。因此我敢说，不畏世俗，就是活得最轻松自在的方法。

能摆脱世俗眼光、自由自在地活出自我的人，都是些什么样的人呢？答案是——对一般人感到丢脸的事完全无感的人。

例如，连续好几天穿相同的衣服，头发乱糟糟的，穿着睡衣四处闲晃，不化妆都敢上街，说的话太冷害气氛僵掉也无所谓，被骂"你猪头啊"仍然不以为意，报告讲得不好搞得现场尴尬也不在乎，在同事面前挨骂也觉得没关系，遭裁员也不动怒……

只要对自己的言行与面临的场面都不感到丢脸，就不会产生"要是别人这样看我怎么办"的念头了。

其实这件事并不难，只要能提升自己的**丢脸门槛**，你就不会在意周围人的目光，得以随心所欲了。换言之，就是要让自己的羞耻心再迟钝一点，尽量对丢脸免疫。

要怎么做才能达到这个境界呢？其中一招就是像前面所说的，要记得去具体思考——**对这件事情感到丢脸，是否有任何好处？**

例如，你记得同事昨天穿什么颜色的衣服吗？我想，八成的人都忘了。既然如此，对方肯定也不记得你穿过什么衣服。

通勤途中，那些西装笔挺到让你觉得好帅的人，通常也一转眼就忘了。同样的，就算看到一头乱发、穿着睡衣的人从身旁经过，你也顶多只会想这人好怪，非但不会刻意去交谈，而且也一样马上就忘记了。你在别人眼中，其实也差不多是这个样子。

只要从这个角度思考，再将为避免丢脸而采取种种行动所耗费的心力拿来一比，就会知道这一切根本没有意义。所以我总是穿优衣库的衣服，去百元理发店理发，甚至不洗澡就睡觉，顶着睡乱的发型四处乱晃（这样确实是有点极端啦）。

还有另一招是转念，将自己的想法切换成"这种状况难免啦""什么样的人都有嘛"，然后斩钉截铁地告诉自己："这就

是我，别人要讨厌要喜欢，悉听尊便。"

在即将迈入不惑之年的今天，我终于到了对丢脸免疫的境界。不论失败、不成熟或无能，我都能坦然以对，并且可以大大方方地告诉大家："这就是我。"例如——我搞垮过两家公司，根本不适合当老板；员工一个接一个走掉，严重缺乏领袖魅力。因此我已经不再奢望雇用大量员工，也不再将营业额瞄准几十亿。

虽然号称拥有几亿元身价，但负债也同样有几亿元；赚来的钱都拿去投资不动产了，身上根本没有多少现金存款；我几乎没有朋友，整天宅在家里。

十个人里有九个人讨厌我也没关系，只要有一个人爱我就好，毕竟我也顾不了那么多人。就算被人讨厌也无妨，因为只要我不主动攻击他人，就不会有人加害于我。

无法回应他人期待也不要紧，不论别人对我有哪些期望，我都只尽力做自己能做的，但求问心无愧。

像这样持续展露自己的真实模样，久了之后便会开始习惯，不再在意外界眼光。有人会因此离开，但也有人会认为很有亲切感，于是周围人便开始弄清楚——他就是那个样子。

如此一来，就不必打肿脸充胖子、装门面，能自在活出真实的自我，过得无愧天地、坦坦荡荡——像现在的我，就已经不太会花费心力去无谓地在意他人了。

　　当然，达到这个境界并不是一蹴而就，你必须不断累积"活出毫不掩饰、真实的自我，其实一点也没关系"这样的经验才行。

继续当好人——做人束手束脚，越来越不幸福。

有小恶精神——不必掩饰自我，过得怡然自得。

19

善良并非怯懦，
不逆来顺受更会勇敢负责

遇事先说"可是、反正、毕竟"，
老是自我可怜，期待别人帮忙，
就无法靠自己解决问题。

好人都会避免在人际关系上与人产生摩擦，行动时会拿捏分寸、采取正确判断，极力避免不合常理，忠实地遵守社会规范。

但也因为如此，好人的态度总是"人为刀俎，我为鱼肉"。因为习惯逆来顺受，没有深刻思考习惯。在他们的想法中，别人都会把事情办好，自己只要遵循他人制定的规则就可以了。

大部分的好人都不太擅长逻辑思考，原因就在于他们逆来顺受的思维。当好人面对复杂的状况时，头脑往往会一片空白，产生我不知道、我无所谓等自暴自弃的反应。

正因为好人遵从社会规范，逆来顺受，又不擅长逻辑思考，因此当他们遇到麻烦时，就会开始责怪他人——好人无法靠自己解决碰到的问题。

他们会哀叹自己的境遇怎么那么惨，希望别人同情他、帮助他，但他自己却没有"那我这么做好了"的思维。

若问他们："要不要这么做？"得到的回应往往是"我做不到"。这是非常典型的好人行径。自我可怜的三大连接词——"可是、反正、毕竟"是他们最擅长的台词。

如果向好人提议："你再仔细想想？"他们就会恼羞成怒："够了！"想要分析给他们听，还会被歪曲成诡辩。

很多好人都认为思考非常麻烦，他们不想自己动手，只盼望别人帮忙。也因此，他们总是把批评的矛头指向他人、企业或政府。会去控诉社会不公不义、违反劳动法、不当解雇；责备政府反应太慢、发起示威游行的，就是这群人。

然而好人并没有发现，这种寄生型性格只会让他们走上社会弱者的道路。弱者总是愤愤不平："为什么只有我被这样对待，我明明活得那么脚踏实地？"他们会抓着这点不放，最后什么也没思考。

想要不被环境的变化吞噬，不屈不挠地活下去，就得抱持自己的问题自己解决的觉悟，并且相信自己做得到。

同时，也要时时**警惕发生在自己身上的事情，全都得自行负责**。这是一种善的"傲慢"，是无涉他人、操之在我的，必须断开与他人的因果关系，自己想办法克服。

但这并非要你凡事都自我否定地觉得"都是我的错"，而是要想着我非做不可，对自己的人生拥有责任感；当然也不是要你死守着"不论发生任何困扰，都不能依赖他人"这种无谓的自尊心，而是要学会先把自己能做的事都做好。这是一种全力以赴的态度。

我知道一定会有人抗议："说得简单，做起来很难！"如果你这么想，可以试着先让自己**看见问题**。

你现在有哪些烦恼、担忧、不满？引发它们的原因是什么？有哪些解决办法是你可以想到的？

首先把你想到的全部写下来，不必顾虑究竟做得到还是做不到。即便你觉得好像做不到，也要努力思考要怎么做才能实现，并且写下来。光是写下来让问题看得见，就能让心情豁然开朗。

接着，把其中**立刻就能做到的与无法立刻达成的**分开来，逐一实践。若这么做没有效果，再来思考修正的方法或变更策略。

举例来说，很多人都会担心老年后的生活。但"担心老年后的生活"这句话其实并不具体，应该好好去厘清："到底会担心老年后的什么？"

你可以在笔记本上针对这个问题，写下"怕钱不够用""怕一身病痛""怕孤单寂寞"……接着深入思考这些不安，该如何不靠他人，自行解决。若想不出来，也可以上网搜索。

比如说，想要解决钱不够用的问题，你可以选择存钱和赚钱（养老金是依靠他人的方法，在此不列入考虑）。若想存钱，就要搞清楚到底该存多少。而且不光是存钱，还要考虑个人年金、储蓄型寿险、退休金计划等等，搭配节税多管齐下。

我们无法预知自己能活到多少岁，因此我非常能体会存款不断消失、坐吃山空的生活有多可怕。正因如此，我们必须多多思考赚钱的方法。究竟什么样的职业或具备什么能力的人，即便老迈，也会受人雇用呢？

受人雇用其实也是依赖他人，所以我们应该尝试创业。放下停止思考、觉得我做不到的念头，大胆摸索吧！

你也可以压低生活费，制订出在存款与收入都很少的情况下也能过下去的计划表。例如，为了减少老年后的居住费用，趁现在就把房子买下来，并安排好在退休的同时将房屋贷款缴完，等等。

除此之外，还可以安装太阳能发电设备，减少电费负担，或开辟家庭菜园，栽培蔬菜节省伙食费。

　　把茫然的不安转变成从今天开始可以做的具体事项表，同样也适用于其他烦恼或问题。反过来说，若发现无法从今天开始做，那就代表具体化的程度不够，必须更仔细地挖掘。思考这些事情时，写下来让它们看得见，可以说是最轻松容易的方法了。

继续当好人——逆来顺受，无法靠自己解决问题。

有小恶精神——能正面处理不安，靠自己解决。

20

连孔子都说"小德可出入"，
别人对你的指责不全然有理

许多乍看之下不合常理、不道德的事情，
实际上并不会造成谁的困扰，
那只是别人强加给你的价值观。

好人拥有强烈的道德感，他们心中有一套坚不可摧的规范，总认为人们应该按规范去做事。因此，他们眼里容不下企业丑闻、名人丑事等他人的非道德行径。这样的态度只会使得好人自己生活得痛苦不堪。

好人会用诸如"这样大家会很困扰""问题很严重"的强烈道德感来鞭挞他人，却从不去细想究竟带来了什么困扰，造成了什么问题。

这么一闹，社会的监视性便增强了，人们一逮住机会就想揪出犯人，大喊"将他处死"，导致社会越来越封闭，仿佛进入了戒严时期。

怎么做才能摆脱压迫社会的好人从这样的社会中逃离呢？关键就在于前面所说的**具体思考**。面对复杂的问题，千万别急着投降说："算了，我不知道啦！""够了！""我不想管了！"要养成抽丝剥茧的习惯。

例如，有个人突然骂你："乱来！"身为好人，面对这种情况，往往会很泄气。然而只要你懂得具体思考，你就大可以反击——

你说我乱来，根据是什么？

谁看见我乱来了？谁判断的？

哪个人有权利或资格批评他人乱来？

就算我真的乱来了，那又碍着谁了？给他人造成什么困扰了吗？

只要像这样追根究底就会发现，绝大多数情况下，"乱来"只是他人强加在我们身上的价值观，并非自己真的给谁造成了困扰。

只要具体去思考，想象会发生什么事，并进一步预测，就会知道即便是乍看之下不合常理甚至不道德的事情，实际上也几乎不会给任何人造成困扰，就算有也是微乎其微。

继续当好人——对他人严厉，自己也活得痛苦。

有小恶精神——摆脱没有根据的指责，活得悠然自得。

21

世界存在正义，
但逼人接受的绝非正义

当立场、经验、价值观不同，
深信的正义就会不同，
强加于人的正义只是"傲慢"。

"好人"活得痛苦的原因之一，在于他们总是愚昧地遵守常理以及社会规范。这些规则都在让好人的心越来越封闭。如果只有这样也罢了，但好人还会同时向周遭的人施加压力，逼大家一起遵守，这才是最麻烦的地方。

例如，日本人有一项美德，就是在大规模天灾肆虐后会提醒大家"要'自肃'，别举办宴会等庆祝活动"。对他们来说，这是一种体贴受灾户、受害者的态度，是正义，因此他们会谴责举办庆典、欢欣鼓舞的人不像话、轻率。

指责"3·11"大地震后逃往国外的人不配为日本人的，就是这群人。他们认为灾难过后更该守望相助，而非只顾着自己逃难，甚至想强迫全日本的人都这么做。

好人总深信自己是正确的、有良心的，是为他人着想的，因此无法忍受别人违背他的常识。他们喜欢质疑别人怎么不照着他们所想的正确方法实践，为什么自己的正义没有得到伸张，并因此而焦虑不堪。即使别人与自己没有关系，好人也可能随意否定、攻击对方。

他们自以为是正义的代言人，会去指责与自己的常识相违背的人和社会，高喊："不能放过黑心企业！""不得加班！"

这种随意拔出正义之剑乱砍的人，根本没人敢靠近，人们都会疏远他。而这种人存在于全世界，严重者甚至会互相诋毁。

● 正义不应该强加于人

以刚才的例子来说，只要有人认为"天灾后应该自肃，自我克制，不享乐"，就会有人认为"举办宴会能促进货币流通，相当于间接帮助了灾区"。

难道你知道幕末时代的维新志士与新选组，哪边才是正义的吗？两者都遵循着他们所信仰的正义而战，认为他们是为了让日本变好；每个党派也都为了各自相信的正义，以选举对战，在国会上辩论。

当人们的立场、经验、价值观不同，深信的正义和主张就会不同，这是很正常的。妻子的正义与丈夫的正义，父母的正义与孩子的正义……有十个人就会有十种正义。究竟要如何分辨哪边错、哪边对呢？

当然，上述这样的思维也只是"我的正义观"，本书收录的内容也不过是我的一面之词罢了。

因此我总是提醒自己，要避免用"你必须这么做""请你遵守"等字眼来强迫我的读者。一来，一本书的内容不可能同时适用于所有人；二来，要如何解读、应用，也应该有他人的阅读自由。

我的立场与方针向来都是："我是这么想的，所以我觉得这样做不错，但这也并非绝对，你怎么认为呢？"剩下的评断，就交给读者自己定夺。

假设你真的代表正义，当你试图强迫别人接受时，心中一定很烦躁，甚至可能跟他人起冲突，这样只会导致自己被孤立。因此，当你发现自己心中萌生出对他人言行的不耐烦与愤怒时，不妨回想一下为什么你会这么愤愤不平。

我想，原因就在于你心中有一套"应该这么做"的常识与正义，而他人刚好没有遵守。若想让这股不耐烦与愤怒消失，你就得提醒自己，这套"应该"并不适用于所有人。接受每个人都拥有自己的常识与正义，好好体会一样米养百样人，便能降低自己烦躁的概率。

说个题外话，我曾在某部动画片里看到过一个主题——什么样的人得以挥舞正义之剑？影片中的看法是："了解将自己的正义强加于他人是一种傲慢，并拥有实现自己正义之力量。确信那个正义会带给周遭人幸福，然后拥有贯彻自己的正义后为结果负责的觉悟。满足上述所有条件的人，便能挥舞正义之剑。"我想，这或许就是我心中最精准的定义了。

○ 别人的正义，你无须配合

反之，若遇到有人对你的看法嫌东嫌西或一口咬定你错了，就代表你碰到了不愿承认人有千百种正义的人。

向他们反驳"没这回事""是你错了"，很有可能引来一连串的轰炸，甚至有人会真的动怒，铆足劲儿向你说教好几个小时。

这些人就像宗教狂热分子一样，深信自己的意见是绝对正确的。那已经不是理性，而是固执了。对这种人不论怎么说，都只是鸡同鸭讲；光对他们做出反应，都是在浪费自己的时间与体力。

碰到这种人，你可以用"这样啊，原来还有这种看法啊……""每个人的想法都不一样嘛""也是啦……时间、场合不同，想法都会变啊"等等委婉的说辞来模糊焦点。

若对方毫无怯意地继续攻击，那就快逃吧！既然觉得很难应付，那也只能用"我还有急事"溜之大吉了。

继续当好人——以自以为是的"正义"强压自己和别人。

有小恶精神——有接受不同思想、性格的雅量，不易怒。

第四章

金钱

22

钱不脏，
是你看钱的心脏了

若你想"避谈钱"，
钱就不会来。

　　人类社会残酷的真相之一是人越好越穷。因为许多"好人"往往觉得钱是污秽的东西，认为谈钱伤感情、不礼貌。由于太在意他人的眼光，他们怕谈钱，怕被认为粗俗。再加上又不擅长面对血淋淋的现实，因此自然不想碰触残酷又真实的金钱话题。

　　就物理意义而言，纸币确实很脏，几乎可以说是细菌等污染源的温床（所以小孩碰完钱后，一定要请他们立刻洗手）。但货币的本质并无干净、肮脏之分，而要看人们如何使用。

● 没钱什么都做不了，别当穷好人

为何好人难富裕？因为他们老是避谈钱。**一旦避谈钱，钱就不会来。**

假设你喜欢钓鱼，常常把钓鱼这件事挂在嘴边，自然就会吸引到也爱好钓鱼的伙伴；若你的兴趣是慢跑，多聊一些慢跑的话题，喜欢慢跑的人就会聚集过来。这些与你趣味相投的人会告诉你许多你不知道的资讯，使你在这方面更加专业，技巧更高，甚至可能因此认识其他人，让你的世界变得更宽广。

钱也是这样。不谈钱的人，身边自然不会聚集对钱有兴趣的人。于是这种人接触赚钱信息的机会便减少了，也不容易遇到投资理财大师。

若你不想为钱所苦，想赚得更多，就应该多谈钱。这里指的并不是"你年收入多少""我那么穷，分一些给我吧"这类无意义话题。你该去聊的是"有这种省钱妙方哦""这样很划算啊""这里有特卖会""听说他最近做了某项生意，开始赚钱了""那件商品会热卖的原因应该在这里"……

这么一来，知道赚钱机会、理财方法、省钱妙方、聪明购物法以及对这些有兴趣、时常关注这些信息的人，就会逐渐聚集到你的身边。

和家人谈钱也很重要，这不是要你抱怨"我们家收入不多，忍耐一点"，而是去分享判断的标准，例如："为了自己的幸福，我们应该少为某某事物花钱，把钱用在真正需要的地方。"

同时，你也可以和家人分享奖学金的意义、信用卡违约金、金融信用结构以及税金的知识。这么一来，家人用钱就会更有方向，能减少夫妻间的争执，孩子也可获得走上社会后必要的金钱知识。

如前所说，钱本身并不肮脏。若你仍然觉得这个话题充满铜臭味，就代表你怀有偏见。如果你能了解**钱本身并无色彩与人格，干净或肮脏完全看人怎么使用**，相信你就能更积极地接触这个人类生存最重要的工具之一了。

● 赚钱，是热门学问

以下是我个人的生存优先顺序。第一是生命，第二是健康。毕竟留得青山在，不怕没柴烧，人死了一切就都完了；而不健康会使生活处处受限，只有拥有强健的身体，才能自由地工作、恋爱。

第三个就是金钱。我没有列入"家人"，是因为我认为家人的重要属于不同层次，无法相提并论，免得对话像"你喜欢哈密瓜还是游泳"那样诡异。

不过，就照顾家人的意义来说，生命、健康、金钱、工作，可以说是相近的。不管自己是身故还是生病，都会拖累家人；万一丢了工作，要养活家人也很困难。

各位的生活优先顺序是什么呢？对富可敌国，一秒钟可挣几十万的人来说，钱或许不是那么重要；但就普通人而言，我相信钱的顺位应该挺高的。

这与"在对话中多谈钱"有什么关系呢？我们走上社会工作，基本上就是为了赚钱。人类一天超过半天以上，一年超过半年以上的时间，都在为赚取酬劳而忙碌。以 MBA 为代表的商学院，就是在为期两年的课程里，讲授如何从社会上获取利润。经济学、营销学、经营学，讲的也都是教人赚钱的道理。

换言之，世界上大部分的人对赚钱其实都是有兴趣的。不只社会，对个人来说，这都是一件很自然的事情。企业创造就业机会，个人支撑家庭。这两者虽然规模不同，但功能其实是一样的。所以，我们大可以堂堂正正地谈如何赚钱。

继续当好人——谈钱都嫌脏，哪来财运？

有小恶精神——更懂钱，就能赚大钱。

23

敢为自己的付出开价，
你才开始有价值

为未来设限、抛下梦想、放弃可能的，
不是别人，而是你自己。

人越好，对赚钱往往越有罪恶感。好人总是很难要求合理的报酬，无法狠下心议价，他们会抱有一种赚钱是剥削他人金钱、为自己牟利的不必要情感。

再加上好人害怕被讨厌、不擅长拒绝，往往很容易接受委托。接手之后他们又常因为觉得自己价值不高，没有勇气要求与付出劳动相符的报酬。

例如，有些稍懂 IT 的好人在帮朋友制作完网页后，可能会以"我也不是专业的，不用谢啦"来过分压低酬劳，甚至免费。

当然，谦虚的态度有时会让人觉得可靠，甚至吸引一些机会，因此也不能说全然无用。但要记得，一味贬低自己的价值，只会害自己被有心机的人利用。

那些企图利用他人的人，根本没有知恩图报的观念，说一句"谢谢！你帮了大忙"之后就拍拍屁股走人，不会有任何回礼。所以好人往往付出的多，获得的少。

⊙ 贱卖自己，你就会失去他人的尊重

其实所谓赚钱，本来就是在向对方做出贡献。

假设我们今天买了一台空调，由于大部分的人都很难自行安装，所以我们会拜托安装工人。当安装工人在短时间内把空调安装好，顾客便会说谢谢，然后把钱交给他。

到餐厅去，客人享用了美味的食物和周到的服务之后，也会说"谢谢款待"并付钱，心想着："下次还要再来。"

与此相反的是，若安装有疏失，顾客会大喊："退费！"若餐点不好吃、店员服务超差，客人就会怒想："我绝不再来！"

"收钱"与"对方乐于接受你的付出",其实是一样的意思。一个人若对赚钱抱有罪恶感,也就等于不愿让对方为你的付出高兴。

"不不,没有这回事。我很希望对方高兴啊。"会这么说的人,往往都觉得谈钱很伤感情。

然而,若有个朋友总是送你水果、点心,帮你打扫、收拾屋子,帮你照顾小孩,每周还来帮你洗车,而且这些全部都是义务性质、免费的,你作何感想?

一开始你可能会很感谢他;过了一阵子,你或许还觉得好方便、太幸运了。可是如果这样的情况持续了好几个月、好几年,难道你都不会感到不舒服吗?不会开始胡思乱想是否有什么隐情吗?不会感到惭愧吗?若你会这么觉得,我想你就能明白,付出等价的酬劳之后再请他做事,自己的心情会轻松许多。

没错,对一般人而言,持续无功受禄其实是一种精神负担。换言之,商品与服务之所以能够持续不断地供应,就是因为有人肯付钱,双方处于长期平等关系的缘故。

从这个角度来看,不好意思收钱,不过是在增加对方的心理负担罢了。正因为这样我才会强调,**提供价值并要求付费,是必要且让对方尊重自己的行为。**

● 谁都不该看轻你，包括你自己

由于好人习惯看轻自己，认为自己的付出没什么价值，因此总是不敢要求太高的价码，对于付出的劳力只收取极低的酬劳。

即便年薪很少，好人也认定是自己能力不够。他们会自我催眠——"反正我能力不足"，然后满足于现状，从一开始就为自己画上一条不可能年收入千万的界线，根本还没挑战就先放弃了。

换言之，限制你的不是别人，正是自己。结果，人越好钱越少这种无可救药的现象便产生了。

假设有个年轻学子，在大学三年级开始找工作前来找你商量。交谈过后，你发现他比当年的你更认真、更可靠，根本没有向你讨教的必要。然而那位大学生却说："我读的是三流大学，成绩又不好，应征一流企业只是自取其辱。反正也不会被录用，不如一开始就应征普通的中小企业好了。"此时的你会如何回应呢？

你应该不会附和他"你说得对，放弃吧"，而是会想鼓励他"没这回事，我觉得值得挑战看看"，对吧？

若对方的反应是："可是我觉得我做不到……"我相信你

应该会忍不住想推他一把，说出"不要画地为牢""你太小看自己了，其实你很棒""不要没试过就放弃嘛"这类的话。

是的，其实每个人都懂这个道理。为自己设限的是你自己，抛下梦想的是你自己，放弃未来的也是你自己。为此，且让我介绍几个能帮助你不再看轻自己的名言警句吧——

与其等待奇迹，不如自己创造奇迹吧，这样才帅啊！

勇者，并不是无所畏惧的人，而是即便怕得浑身发抖、腿发软，仍有勇气奋不顾身的人。

当你完成所有人都说"你做不到"的事情时，你就会让世人吓一跳。

让瞧不起你的人好看的方法只有一个——出人头地。

继续当好人——付出大量精力，结果贱卖自己。

有小恶精神——获得信赖与机会，更赚钱。

24

羡慕别人的果实，
你得愿意吃一样的苦

> 最好老老实实地面对自己的梦想、渴望与自卑，
> 然后努力去寻找真正热衷的领域。

好人往往对自己的判断没有自信，总是踌躇不前，因此会特别羡慕能贯彻自己想法、活出自我的人。话虽如此，好人的自尊心通常又很高，于是羡慕渐渐转变成了嫉妒，并在不经意间流露出来。

好人会嫉妒成功人士，认为他们"一定干了什么坏事""反正很快就会失败了""只是凑巧运气好""是他特别有才华，或有特殊渠道吧"。就连同事升迁，也会埋怨："为什么是他？""公司真没眼光！"

好人自己往往不会付出努力，毕竟努力太麻烦了。而且他们会害怕万一付出努力却没成功，自己的无能会被突显出来。这导致他们只顾着批判他人，却什么也不做。用批评、否定他人来抬高自己的地位，借以维护自己的尊严，他们为此而感到满足。

就是因为这样的人层出不穷，电视、杂志才会相继报道他人的丑闻等，毕竟这种内容的节目收视率才会高、才卖得好。

想对自己的价值观、生存之道拥有自信，就得自主设立目标，累积通过一己之力达成目标的经验。这样的体验会让你产生"只要肯做，我也办得到"的自信。

为此你得先寻找令你热衷的事物，即使只是兴趣的练习都可以。在忘我投入中，你就会逐渐感受到进步。

对他人怀有偏见，背地里说别人的坏话，这些都是不全力以赴的人常有的行为。明明有能力却不尽力，最后只能眼巴巴地羡慕别人的成功与幸福。这时候好人甚至会开始嫉妒他人，偏激地觉得"自己也有实力，只要有机会一定也办得到，为什么是那个人"。在这个网络信息传播迅速的时代，人们往往没看见他人努力的过程，只看到结果，因此好人更会被自己无能的感觉重创，变得意志消沉。

若好人能埋首于一件事物并乐在其中，在这个过程中自然会尝到幸福感。了解成功的背后是无数心血的付出，也就能进一步去认同、接受别人的成功与幸福了。同时，进步的感觉也会增强他们的自信，让他们感受到自己的成长，开始认为：想做的话，我也做得到。

不过这个方法一不小心就会变成逃避现实，这一点需要格外留意。像是"想结婚却没有对象，于是埋首工作"这样的例子，就是明明有更渴望的事物，却因为不想面对而逃跑的状况。

或者有些人在工作上遇到瓶颈后，选择离职到国外留学、攻读学位，以为去了国外，换了环境，人生就会改变，像灰姑娘一样期待着奇遇；再不然就是前往印度等国家旅行，寻找自我，或花高额费用参加心灵成长与自我启发课程，等等。

这些逃避的行为，都源自靠环境改变自己的被动想法，而不是由自己去突破环境、寻求改变。

所以这些人到头来还是什么也没改变，只能依附外界而生存，持续缺乏靠自己达成目标的成就感。这种状况只会令好人越来越善妒，因此，在此提醒身为好人的你，最好老老实实地面对自己的梦想、渴望与自卑，然后努力去寻找自己真正热衷的领域。

继续当好人——忙着嫉妒他人，毫无长进。

有小恶精神——热衷做事，从自己的进步中得到自信。

25

只想讨人喜欢？
你注定当不了领导者

想要领导团体朝着同一方向前进，
势必要对不跟随的、犯错的、
做出不利团体行为的人加以匡正或排除。

因为不想得罪身边的人，所以好人总是不知道该怎么提醒别人或指出别人的问题。即便是为了对方好，也会担心万一说了重话"被讨厌"而无法开口纠正。在公司里也要迎合部下或后辈，变成了朋友型上司。

好人害怕负责，因此不擅长做决定。他们认为由别人判断，自己再遵从比较轻松，常常无法下达强而有力的指示或强迫他人。

所以，好人虽然不会被部下讨厌，但也无法获得信赖。众人对他的评语顶多是"好上司"，但不会变成"值得信赖、让人想追随的上司"。于是好人连升迁都会被其他同事超越，薪水也很难涨起来。

有些中小企业的经营者总是做不好人事整顿，他们无法解雇不良员工，做不到强力裁员。如果他们经营公司秉持的是"我开公司是为了养活每一个员工"的使命感也就罢了，但真正让他们难以启齿的原因，只是"怕得罪员工"。

这种人非常依赖对自己忠实的部下，而那些部下大多是阿谀谄媚的员工或中层主管。当无能的上司尸位素餐，就会导致部下疲惫、组织败坏。

一般而言，越接近老板的管理层，越容易与老板起冲突，进而辞职；然而在"老板是好人"的公司里，则大多会从优秀的基层员工开始离职。

有一部很有名的美国电视剧，名叫《行尸走肉》(*The Walking Dead*)。影片讲述了一群伙伴为了逃离丧尸（Zombie）的魔爪，一面战斗，一面寻找安全住所。

主角瑞克曾是一座小镇的副警长，他在追捕逃犯时，与犯人枪战受了伤，在医院陷入昏迷。等他醒来时，到处是丧尸在游荡。

他辛苦地逃了出来，与同样躲过丧尸攻击的妻儿以及其他生还者会合。晚到的瑞克成了领袖，肩负起让团队所有人存活下来的重大责任。

看这部电视剧时，我深刻地体会到身为一名领袖所应该具备的特质。真正的领袖，不必大声宣布"由我来带领大家"，也不必被人授命"你来当领袖"，更不必拥有"××长"的头衔，**他的所作所为会让大家自然而然地追随他。**

为什么大家会追随瑞克呢？是因为他能指出活下去的出路，说服众人，并且身先士卒，担负起危险的任务。

在命悬一线、不知眼前道路能否前进的不安里，伙伴们常常陷入危机、惊慌失措，甚至自作主张、任意行动。在这样混乱的情况下，瑞克挺身而出，向迷茫的团员们下达指令并展开行动，例如"我们需要武器""这里太危险了，快走""先把失踪的伙伴救出来""在这里多停一会儿""走散的话在那里集合""冲出去拼了""现在要避免硬碰硬"，等等。

那些轻视他的人，不是被丧尸杀死，就是脱队。遇见他、赞同他理念的，则加入队伍，继续寻找安生之地。

换言之，领袖就是指引道路，率领大家前进的人。同样的，部下是否将上司尊敬为领袖，看的不是头衔，而是上司是否具备领导能力，其中包含了能指出正确道路的判断力，领导队伍前进的统帅能力以及"路若走错了，由我负责"的觉悟。

这会让部下拥有可以放心追随的感觉，进而承认他是领袖。

想要像这样率领团体朝同一方向前进，势必要对不跟随的、犯错的、做出不利于团体行为的人加以匡正或排除。就像《行尸走肉》里的瑞克一样，有时必须态度强硬，有时得骂人，甚至还必须剔除伙伴。

即使有人因此离开也没办法，毕竟世界上并不存在讨所有人喜欢的领袖。软件银行的孙正义、乐天的三木谷浩史、优衣库的柳井正，都是率领庞大组织的优秀领导者，然而公司内部还是有不少人反对他们，也有许多人离职。

就像 Lady Gaga 曾说过的："因为有影，证明了你有光。"光越亮，影就越暗；相反的，一个人若没有影子，就代表他所散发的光芒很微弱。优秀的领导者会有热诚忠实的粉丝，也会有坚定的反对者。

继续当好人——不会得罪人，但也没人信赖你。

有小恶精神——能得到高度肯定，众人愿意追随。

26

柿子专挑软的捏，
你越软别人越欺负你

好人无法抵挡他人的抱怨，
只会委屈自己，
所以谈判总是失败。

　　避免与他人发生冲突，是人人都会有的自然情感，也是能平顺安稳过日子的必要心态。然而，好人连在自己蒙受损失、情况不利于自己时仍然要扮演好人，无法真正为自己而战。他们不习惯与他人起争执，而且神经脆弱，无法忍受冲突。

　　当然，我不是让你主动挑起战争或攻击别人，这种冲突场面当然是越少越好。但在必要时刻，如果无法自我伸张，那就只能白白吃亏了。

　　假设你请建筑公司过来改建住宅，结果发现有些地方并未按照当初的约定施工或者出现了瑕疵。向商家抱怨之后，对方不断推托，一点也不想重做。直到你强硬地抗议了几次，建筑公司的部长才站出来说重做要付费。你怒喊："开什么玩笑！"结果对方恼羞成怒，发短信不回，打电话也不接。

连上述这种情况都选择忍气吞声的，就是好人。这些人即便陷入不利于己的窘境，仍会启动"再吵就太幼稚了""忍一时风平浪静""不想让人觉得我是奥客在找茬"的心理机制，因而无法据理力争。朋友或认识的人欠钱不还时，也无法开口要求还钱，并要求增加利息，这都是因为他们担心叫人还钱会伤感情，要求加利息怕被嫌吝啬。

同样的，好人也无法抵挡他人的抱怨，总是委屈自己。谈判只会谈输，不敢对讲话大声、凶巴巴的人发表意见，一味逼自己忍耐。

即使自己没有做错，他们面对强力的指责也总是无从抵抗，一接收到控诉就只能发抖。以刚才改建住宅的情况来说，假如好人坚持认为工程没有遵照合约进行，并因此不支付剩下的钱，结果导致收到律师信，这时好人就会精神错乱，担忧得夜不成眠，最后选择忍气吞声，以不利于自己的条件答应调停或和解。

在这种关键时刻无法挺身而战的好人，容易被不怀好意的人或企业压榨，导致日子总是过得不顺遂。

● 若不能接受，就不该轻易退让

即便情况不像上面列举的那么严重，相信不少人都曾在餐厅或商店发生不愉快后忍耐着付完钱离开吧？因为——"据理力争太累人了""不想被当作爱挑刺的人""反正我也不会再来"。

我曾在电视上看过一个节目，内容是观察人们在餐厅收到与点单不符的菜肴时会有什么反应。大部分的人都只是歪歪头，什么也没说就开动了，然后吃饱付钱，离开餐厅。

的确，很多人在拿到错误餐点后都觉得"不想再花时间等餐，干脆就吃这份""反正这道菜比较便宜，算了""懒得多说"。然而，总是忍气吞声，由自己承担所有的损失，会为你的整体生活带来许多意想不到的负面影响。

像有些人去理发，即便心想"我这边还想再剪一点"，也说不出口；咖啡馆的桌子很脏，就默默地自己擦干净——如果你无法将感受到的不满好好说出口，只会忍气吞声，人生就会充满各式各样的小亏损。其实你只要稍微说一声，餐厅就会帮你重做一道菜，店家就会帮你擦干净桌子，甚至给你优惠。

以我家为例，我与太太去任何商场、餐厅，每当接受各式服务时，只要有不满就一定会说清楚，在我们接受之前绝不退让。

为什么我们能做到呢？因为我们不在乎别人的眼光。就算讨厌我们也无妨，觉得我们是找茬也无所谓，认为我们很蠢更没关系。重点在于，**我们是付钱的顾客，为什么必须忍受不愉快呢？**

尤其是面对餐饮业时，很多餐厅只要不再去就好。你非但不会再次遇到店员，即便遇到了，彼此也没有任何关系，对你的生活和人生毫无影响。

所以每当我们到餐厅用餐，发现菜肴没熟或烤太焦，就会立刻请店员更换；若与菜单上的照片相差太多，也会抱怨。投诉时容易越讲越生气，一开始可能会觉得压力很大，但习惯后就能很自然地提出要求了。

当然，你不需要拿放大镜检视每个细节，也不是要你摆出付钱就是大爷那种拽样，只是若你遇到明显无法接受的情况，千万别再忍气吞声，要坚持自己的想法。只要不留下芥蒂，就算你之后回想起来，心里也不会不舒服。

若提出要求，对方也会比较紧张，知道这个人靠敷衍是行不通的，之后的应对就会变得礼貌，小需求也会比较容易沟通。

我不是要你去为难对方，而是当你觉得自己遭受到不合理的对待时，应该坚持打破那种不合理。避免自己陷入不利的索赔以及对无法接受的事情反击抗议，其实都是合理的诉求。

当你拥有了说出合理诉求的勇气，并且深信你遇到不合理的对待时都能当场解决，便能游刃有余地面对各种状况了。

● 你顺从，就会被欺负

不知道你有没有注意到，无论是公司会议，还是小孩学校的亲师会、居委会、兴趣性社团，事情总是容易顺着讲话大声之人的想法进行。

大多数人一听有人大声说话，就会先被对方的气势吓到，再加上畏惧众人将目光集中在自己身上，怕被卷入麻烦或不想众目睽睽之下挨骂，于是往往只能吞下自己的意见，选择顺从。

如此一来，事情自然会照着讲话大声之人的想法进行，那个人不会感受到任何压力；然而，周围人勉强接受自己不喜欢的意见，结果压力越来越大——这种不公平的情况，随处可见。

请恕我再提一次，**想要在这个社会上厚着脸皮生存下来，就必须由自己去打破不合理，而不是"人为刀俎，我为鱼肉"。**

想要做到这点，就得让自己事先做好能够在关键时刻大声讲出内心话的训练。请你千万不要畏惧众人会把目光集中在自己身上，也不要担心被别人当成怪咖。

当然，大声威胁、恐吓他人是犯罪，这并不是我想鼓励的行为。这里所谓的大声，是指用腹式呼吸法发声，咬字清楚，声音响亮，强有力而不颤抖。只要能把话堂堂正正地说出口，自然就会产生一股压倒众人的气势。

在学校里，也往往是声音洪亮的孩子比较不会被欺负。顺带一提，我太太经营着一所声音训练学校，因此大声投诉时的魄力真不是一般人能比得上的。

◐ 面对争执，更要冷静而理智

我认为往后成人的心智教育，都该加入"大人的争执"这一项。不过对生在法治国家的我们而言，使用暴力会犯下伤害罪，大声怒骂、威胁人则会犯恐吓罪，因此这里的争执自然不是指这方面的冲突。

大人的争执，意指能够冷静、理智地反驳对方。为此，我们必须弄懂生活中与自己息息相关的法律及其最终形态——打官司。

为了在任何纠纷及对手威胁下都不败下阵来，避免被不利的情况打压，我们一定要足够了解法律与审判的机制。

什么时候对方能告我们？审判是怎么进行的？如果输了会发生什么事？由自己提起诉讼时也一样。只要拥有法律知识，做好心理准备，拟定完善策略，便能在纠纷中冷静取胜。

顺带一提，购买商品或服务时，若你不慎与卖家产生了纠纷，对方说："我要告你！"你大可放轻松，不必害怕。因为光是律师委托费，基本就要花费五万元左右，官司动不动就得打一两年，一般企业根本没有闲暇时间去做这种事；为了收回数万元或数十万元而上法庭，太不划算了。

然而，若是在消费借贷上有所拖欠，即便金额很少，也很容易被告，这点要特别留意（严格意义上，债权会由金融机构让渡给债权回收管理公司，再由债权回收管理公司控告消费者）。毕竟消费者准时还钱，对借贷及债权回收业者的工作而言都是很重要的一环。

继续当好人——好处被人整碗端走，老是吃亏。

有小恶精神——懂得据理力争，能在重要时刻为己奋战。

27

"小恶"看穿事物本质，
抢占先机不受制于人

好人经常得忍气吞声，
接受不利于己的条件；
"小恶"之人，则能创造有利环境。

在我的经验中，那些比好人更精明一点且比好人再坏一点的"小恶"之人，往往容易得胜。得胜是指赚到钱、获得利益，避免损失及不利状况。

当然，我指的绝对不是做非法勾当，靠欺骗他人为自己牟取暴利那种奸与恶。说得难听一点，得胜就是"好行小惠，投机取巧"；说得好听点就是"抓得到要领，眼光精准"。这些可以统称为"看穿事物的本质"。

这是什么意思呢？下面问你一个较极端的例子——听到有

人雇用在校生，在超人气游戏软件稀有周边产品发售日到店里排队扫货，然后在拍卖网站上高额转售，你会有什么感想？

上述这个现象曾经上过新闻，还被人批评为"卑鄙、不要脸"。但这些批评的人明明只是自己懒惰、不愿思考，也不肯负起责任去采取任何行动。

买卖的原则本来就是逢低买进、高价售出。只要需求大于供给，价格自然会提升，这是人人都明白的道理。

换言之，那些看起来投机的卖家，不过是在忠实地实践买卖的本质而已。

若你觉得转卖是邪恶的，那么所有的零售商都算是十恶不赦了，因为他们所做的生意也都是跟厂商进货再转卖给你。

有人斥责以不当手段高价贩售是无耻的，但拍卖的价格本来就无法强制，而是由竞标者主动出价表示："我要用这个价格购买！"最后会卖多少钱，连卖家自己都不知道，当然也就无法负责。

还有人说："请在校生扫货，会造成他人困扰。"但在这世界的任何一个地方，所谓热卖商品本来就是要给人抢的。相信大家一定在电视上看到过特卖会与福袋贩售会场，客人们一早就排队等着抢购商品。超市特价时，若限制每人只能购买一盒鸡蛋，甚至有全家总动员来购买的。

在网络上竞标，不但不必花时间到店里排队，还能依照自己希望的价格购买商品。这样的交换对客人来说其实是很满足的。

但好人总是不这么认为，所以他们无法采取行动，只会觉得这样很卑鄙，害怕自己会被周围的人嘲笑，但心里又嫉妒因此赚钱的人。其实说穿了，根本只是他们"无法忍受他人做了自己做不到的事情而获利"而已。

只要放弃当这种好人，你便能自由自在地思考、行动。这么一来，不就能获得更多机会了吗？

我又要拿自己举例了。每次带孩子外出用餐，我都会先问对方："我们有带年纪很小的小朋友，这样进去用餐没关系吗？"其实这就是在暗指："小朋友可能会给店里添麻烦，可以请你们多担待吗？"只要先确认过，那么不论弄得多乱、多脏，甚至摔破盘子，店家都不会生气或要求赔偿。倘若店家一开始回复我"婴幼儿来店里比较不方便"，那我自然也不会进去。

另外，由于我不爱吃甜食，在餐厅点套餐时，也常常问服务生："我不需要甜点，可以换成别的菜吗？"当然我知道这原本是不行的，但只要开口，大约有一半的概率会让我更换。

看到这里你可能会觉得："这作者实在太不要脸了！"然而我并不是要你模仿我，只是想告诉你——不在意他人眼光、坚持自我，才能在各种各样的情况下获得好处。

相信一定有人会说"可是我不想占这么多便宜""这样太贪心了""风险太高了"。这些都是大家各自的判断，属于自己要负的责任，我不会多做否定。

我想表达的是，不论遇到什么问题，甚至被人拒绝，只要拥有为自己负责的觉悟，你就不必在意他人的眼光，可以堂堂正正地争取自身的利益。

像是店家做的"蔬菜装到满"的营销活动，有的人会装到满出来，有的则会刻意把塑胶袋撑大再装，这些都得冒着袋子被撑破、被店家判定违规的风险。但只要成功，他们就能比中规中矩的人获得更多蔬菜。这些风险也都是自己的责任。

人类社会就是一连串的谈判，好人不善于谈判，所以经常得忍气吞声，被迫接受不利于自己的条件。相反的，擅长谈判的"小恶"之人则能创造有利于自己的条件。

当然，最理想的谈判是以双赢为目标。例如向店家讨价还价："这里有点碰伤，算便宜一点吧。""我全包了，再多送一点吧。"这种就是双赢的谈判。

小恶之人除了会揪住对方的弱点，还会更进一步。假设今天你的客户快要破产了，急需现金。你知道将他公司的商品便宜买下再转卖，就能大赚一笔。尽管你是乘虚而入、贱价收购，但客户有了现金周转，其实也解了他的燃眉之急。

"乘虚而入"的确称不上光明磊落，但在结果上对方却是高兴的，因此这样的行径顶多只算是"小恶"罢了。

继续当好人——被常规绑手绑脚，什么都别想做。

有小恶精神——拥有自由思想，为自己抢得先机。

28

择善固执，
但你有勇气"固执"吗？

一件事情是否有价值，
是由自己决定的，
而不是别人。

你可能会觉得说谎不太好，不过，一般我都会把不到犯罪程度但对自己有利的诱导型谎言称为策略。

策略，就是要去解析人类的心理。通过它，就有可能得到跟原本结果天壤之别的获利。小恶之人对此知之甚深，总会将它应用在自己的工作或生活中。

◐ 把握小恶精神的聪明说话术

这里举个例子，假设有个小孩为了保护自己使用了以下技巧——他回家对妈妈说："妈，对不起，这次测验我考得很差……"妈妈一听，心里已经有了肯定考得很差的准备，于是接着问："嗯，考多少分呢？"这时小孩若回答："九十八分。"妈妈肯定会很惊讶地说："分数很高啊！"

然而此时，小孩说出："对，可那是语文，数学只有六十分。"那个妈妈很可能会接着说："哦，没关系，下次加油就好。"小孩就得以躲过一通责骂。

降低他人的期望值，能避免让自己陷入各种窘境。这个方法也适用于工作。若你是上司，刻意吊员工胃口说："可以好好期待这次的奖金哦！"结果实际金额却只有十万日元[1]，那么你一定会被部下抗议："就这么一丁点有什么好期待的啊！"

不过你若先压低员工的期望值，说："这次的奖金少得可怜，只够你们喝个饮料。"当员工看到十万日元奖金，就会喜出望外："哇！太棒了！比想象中多！"

这个道理很简单，当别人说"我有一个坏消息"，通常我

---

1 十万日元，约合人民币六千元。

们都会有点紧张是什么事。

所以，若你先对部下说："各位，今天有个非常坏的消息要通知大家。"部下可能会以为要裁员，怕得不得了。这个时候你告知："员工旅游的地点，从夏威夷改成热海[1]了。"员工反而会松一口气："原来是这件事啊，害我吓了一跳！"如此一来，就不会对旅行地点的降级产生抱怨了。

现在把立场做个调换，这次换你通知上司："部长，有个坏消息！"上司一听，肯定会很紧张地想："是出了什么重大纰漏，火烧到我头上了吗？"

结果你汇报的内容只是："客户要求再打一折……"此时上司便会松一口气说："什么啊，原来是这个啊。"如此一来，事情顺利进行的可能性便会提高。他可能会说："我知道了，就照客户开的条件去做吧。"

上述道理十分简单，但好人往往适得其反，会把坏事说得似乎没那么严重："哎呀，也不是什么大事……"结果反而弄巧成拙被责骂："笨蛋！你要好好和对方谈啊！"

这些说话技巧都需要视状况以及与对方的关系随机应变。若你能学会用小恶精神说说小谎、故弄玄虚，就能让自己舒舒

1　热海，日本本州岛东南伊豆半岛东岸城市，是日本三大温泉胜地之一。

服服地过日子了。

◐ 择善固执，就要懂"固执"

可能有人会误以为，有钱人及成功人士的人品都很好，对所有人都很慈悲，人饥己饥、人溺己溺，具有高尚的人格。遗憾的是，现实并非如此。

若好几代祖先都是大富翁，或许真会有这样的人物。但若是靠自己建立财富的成功人士或有钱人，这样的人就非常稀少了。

他们几乎没有例外，都是些作风强硬、性情古怪、以自我为中心、喜欢喝令周围人的麻烦制造者。当然，其中也有不少让人喜爱、不讨厌的人物。但就一个有常识的人来看，恐怕不会对他们有太多好感。

好人认为一件事物是否有价值是由他人决定的，而不是由自己决定的。这样的意识根深蒂固，因此比起自己的意见与想法，他们更倾向于参考他人的评价。

当身边的人反对"那不可能啦""怎么可能""谁都想得到吧""实现的可能性是零""这有意义吗""会买吗""谁要买"，

好人便会立刻放弃。

好人很在乎讨人喜欢、不惹人厌，所以很少能做到不惜与周围人发生冲突也要坚持信念。他们会惦记着"不能让别人那样想"，会担心"别人会不会这么想"，做不出让身边人吓一跳的大胆决定，也无法不按常理出牌。因此，好人不会成功。

小恶之人由于不畏惧与周围人发生冲突，也不害怕给他人带来困扰，能大胆做决定，贯彻自己的理念。

像是便利商店之王 7-11，就是前 Seven & I Holdings 董事长铃木敏文力排众议开创的。

当然，若你真的为恶，那就要去警局报到了，所以我不建议你那么做。但你要记得，成功的要素之一就是放弃当"好人"，成为"小奸小恶"之辈。

继续当好人——太不知变通，令他人失望。

有小恶精神——择善固执，能贯彻自己的信念。

第五章

情感

29

无法独立，
你的人生只能"被选择"

你要了解自己与对方处于平等立场，
别再依赖别人，
开始自立自强。

好人畏惧惹人厌，怕被另一半抛弃，因此总在无意间讨好伴侣，甚至舍弃尊严，一味服从。

若另一半心机比较重，好人的这种心理机制就会被看透、被利用，遭抛弃的风险也会提高。因为对方会理所当然地觉得"反正他离不开我""他不可能向我提分手"。

为什么好人容易落到这个地步呢？答案是他们依赖另一半。依赖，分为经济与精神两个层面。在这里，我想就经济上的依赖更进一步谈谈。

举例来说，家庭主妇及靠老婆养的男人，因为在经济上依赖伴侣，一旦伴侣离开，生活就会变得很糟糕。这么一来，即便他们心里想要分开也无法真的做到；由于被抛弃便无法生活，他们只能选择讨好、服从对方。这让他们变得像奴隶一样，失去活出自我生命的充实感。

企业之间也是，这就好像承包商与下游厂商的关系。过度依赖承包商给的工作，下游厂商便无法自主决定谈判条件，导致最后的生杀大权都被掌握在承包商手上。

讲得极端一点，那些能说出"不然我们就分开"的人，才是在人际关系中掌握主导权的人。不愿分手的一方，就会沦落至"我都照你说的做，求求你不要跟我分手"这样的位置。

工作关系上，也是能说出"不然可以中止合作关系""这份工作我拒绝"的那一方，掌握了商业谈判的主导权。而回答"不不，那样我们会很伤脑筋"的那一边，往往就只能遵从对方提出的条件。这种现象也是自然的，当你的弱点被对方抓住，自然就只能接受那些不利于自己、有益对方的条件。

若想预防这种状况，需要的是精神上的独立。你要了解自己与对方处于平等立场，别再继续依赖别人，开始自立自强。

你的心必须足够坚强，懂得"不必扼杀自我来维持关系""即使分手、离婚，也可以好好活下去"。然而身为好人，要获得这种力量并不容易。

为此，你势必得先保持经济上的独立，因为：靠自己赚钱，与精神独立是息息相关的。

在英国，人们习惯满十八岁便离开父母独自生活。靠自己的力量建构自己的人生，成为他们自信生活的来源，连带也促进了经济与精神方面的独立。

因此不论是家庭主妇还是靠老婆养的男人，想与对方平起平坐，有表达自我意见的空间，靠自己掌握人生的方向，就得先去找份工作，好好赚钱。

除此之外，还有一个方法，就是保有多个选项或获得选择的能力。

无法独立的人，人生往往只有一个选项。一份工作、一位客户、一种经济来源、一间住所……因此才会不自由。

假使今天你有多个选项，可以自由挑选呢？

例如，你英文很好，那么就能从"只能在日本的公司上班"，变成"可以在日本上班，也可以在国外上班"，甚至"全世界都是我的舞台"。

有能力挑选住所，便能根据自己的安排，配合生活的变化，搬到最方便、最有利的地方。

除此之外，即使你被某家公司拒绝了，只要事先物色好其他公司，就用不着担心会失业。和现在交往的人分手，也只需要通过网络婚介所等能让自己接触到新对象的方式，就足以应对。这些自信，都将成为你摆脱依赖心的基石。

继续当好人——委曲求全，呼之则来，挥之则去。

有小恶精神——经济与精神皆能独立，不怕失去。

30

你不掏心，
谁愿意和你掏肺？

越是老实的好人，往往越害怕去探索对方的心意，
因此常常无法缩短两人的距离，
恋情只能无疾而终。

好人害怕被讨厌，因此往往只会百般配合对方，不敢表露自己真正的情感，导致身边的人很难知道他在想什么。

这种状况在男女关系上也一样，好人总是害怕被拒绝，害怕被讨厌，害怕自己受伤。因此他们在对话时常常隐藏心声，约会时也总是没有意见，让人摸不清楚他们真正的想法。这其实会导致约会对象产生"是不是对我没兴趣？约会不开心吗？他是在勉强自己陪我吗"等等困惑，让人家感到不安。

若持续这样，时间一久，对方渐渐就会开始对花心力捉摸

好人的心思感到厌烦，觉得待在一起很乏味，最后抛下一句"虽然你人很好……"然后转身离开。

越是认真老实的好人，往往越害怕去探索对方的心意。他们无法用言语或行动进一步试探，因此也常常无法缩短两人的距离。于是人越好，反而越难突破友谊发展成恋情，最后只能无疾而终。

倘若你觉得"他应该对我也有点好感"，不妨尝试主动邀约："今晚通个电话吧？""下次想去哪里玩？"然后记得见机行事，鼓起勇气问对方："我可以牵你的手吗？"这么一来，相信对方也会注意到你的心意。

你偶尔也可以假装生气，运用一些小策略来刺激对方。一旦对方感受到你真的很喜欢他，他就会更在意你，进而被你吸引。如果你想进一步确认彼此的心意，就明白对他说："我喜欢你。""我们交往吧。"……

展现自己对对方的好感，会让别人意识到你的存在。当然，结果也有可能是"我只把你当朋友"。但人毕竟都是喜欢被爱的，当对方记住这种喜悦之后，会比较容易喜欢上你。

因此，像这样通过语言与行动交流情感、刺激情绪，就能让两个人的心更加靠近。

当然，你可能会因为经验不足，不知道追求的方法，或者不习惯与异性相处，所以觉得不安，无法主动追求。但如果你不去追求，是无法得知对方反应的，甚至就连自己追求的技巧是好是坏也无从得知。

比如说，你开口说了某句话，结果看到对方面露诧异，那便代表刚才你所说的话并不恰当。然而，如果你始终沉默着没把心里话说出口，那么就无从判断自己的想法或行动究竟是否可行。如果一直这样逃避，你和喜欢的人便无法累积相处经验，导致彼此只能永远停留在朋友阶段。

拜通讯发达所赐，现代人想要追求情感已经比以前容易许多。方法之一，就是使用恋爱交友网站或相亲网站。你可能对这些交友网站抱有不好的印象，觉得可能会被怪人缠上或卷入犯罪等等。但若是大企业经营的网站，通常注册手续都是非常严谨的，有些甚至必须通过信用卡或身份证确认，还得提交单身证明和收入证明，安全性与可信度都不用担心。

此外，有些网站会监控会员之间的信件和交流，替单身者铲除爱情诈骗集团以及企图骗婚的恶劣会员。比起不清楚对方底细的搭讪或参加相亲联谊派对，借由这些网站交友反而更安全呢。

使用这些相亲网站，直到实际见面之前，都可以当作在玩恋爱模拟游戏，只要轻松以对就好。

这么一来，你就不会因为对方没有回应而失望，即便后来不了了之，也不会感到受伤。那不过是和素未谋面之人的信件往返与对话而已，大不了再多试几个人就好了。

认识网友的阶段目的在于寻找想见你的人，信件往返中断，相当于把不适合自己的人给筛除掉，这样反而更有效率。

当然，实际见面后，有些人可能见过一次从此便不再联络，但也有些人会继续再约，逐渐和你加深交流。通过这个过程，你便能仔细观察他人对自己的话语和行动有什么反应，然后归纳出这样做会惹人厌、那样做对方会高兴等等人际心得。

每个人对事物的反应都不一样，有时甚至南辕北辙。这些经验的累积会慢慢转变成你对他人情绪的洞察力，使你在情感相处上得心应手。

这世界有多少未婚女性与未婚男性，即使你每天和一个新对象约会，就算一辈子也约不完。

既然人生还有那么多可能，就算被几个人拒绝，你也大可以重振精神，继续认识新对象，这才是最有建设性的方法。只要能运用这些学到的经验，或许下次的恋爱就会更美好。

继续当好人——无法传达心意，恋情无疾而终。

有小恶精神——勇敢出击，越来越令人心动。

31

你越想控制，
感情越容易失控

如此沉重的爱，只会令人难以承受。
若持续紧迫盯人，
大多数人都会觉得喘不过气，想要逃离。

好不容易有了一个交往对象，却被自己一手搞砸，这也是好人典型的失败模式。

好人老爱担心会不会哪天被抛弃，对方是不是会劈腿，因此总要一而再再而三地确认对方爱自己才会安心。只要另一半盯着手机看，便在意地问："你在做什么？""在和谁聊天？"一旦联络不到人便坐立难安，开始逼问："你刚刚在干吗？""为什么不接电话？"有些人甚至会指使对方"现在立刻过来""爱我的话不就应该这么做吗"，借此确认对方对自己的爱。

要知道，如此沉重的爱，只会令人难以承受。偶尔吃个小醋，或许会让人觉得可爱；但若持续盯着对方，大多数人都会因为感到喘不过气，开始挣扎，想要逃离。

被人颐指气使，总有一天会累。一想到得和试图控制自己的人共度未来，一般人对往后共处的生活都会失去信心，只觉得眼前一片黑暗。

● 一段情感关系，不能代表你的价值

怀疑另一半出轨，试图控制对方，这些都是自私自利的行为。这样的行为正表明，比起你对他的心意，你更在意自己想要安心的心情；你是以安抚自己为出发点，而不是珍惜对方——你其实只想着自己。

这个类型的人想要长久幸福地恋爱、走入婚姻，关键就在于能否控制自己的不安全感。

当情人盘问："你是不是在偷想别人？"一开始应该还会觉得"他在吃醋，好可爱"。但若一天内重复好几次，甚至每天都问，就会让人越来越不耐烦，继而心生不满，觉得："反

正不论过多久，你都不会相信我。"

不论是谁，老是被问到相同的问题，都会觉得厌烦。后来就会渐渐懒得解释，最后只剩下"你不要再闹了"之类的怒吼。

即便是同居的情侣，对方还是有他个人的行程与交际圈。他总得陪朋友、公司同事或工作上的客户，而且有时也会想一个人想想事情或沉浸在嗜好里。然而，好人却往往不顾另一半的这些需求，只想满足自己。凡是正常人，都会想要离开这种伴侣的。

这种好人遇到另一半告知自己要分手，别说坐下来慢慢谈了，他甚至不会听对方说什么，只会愤怒、哭叫，还会死缠烂打。

之所以会变成这样，是因为**好人肯定自己的方式就是获得他人认同**。在他们的认知里，这段感情体现了自己存在的价值，分手等于是对自己的全盘否定，这会让他们的身心像千刀万剐般痛苦。

因此，好人容易情绪化，甚至做出令人匪夷所思的行为。他们脑中掌管理性的前额叶会在情绪高涨时失灵，无法区分善恶。于是有人因不愿分手持刀砍人；有人猛扑到旧情人车子的引擎盖上，结果引发车祸。会因感情问题登上社会新闻的，就是这些好人。

这些荒唐的行径只会令对方更想要抽身，让人觉得恐惧、"很不正常"。我并不是想说拒绝与对方分手是错的，只不过，**因为事情不如己意便情绪爆炸，做出偏激举动，都只是出于你的自私自利罢了。**

● 拥有气度，感情更顺利

喜欢热脸贴冷屁股的人并不多，所以，如果你希望另一半能好好珍惜自己，你就先要好好珍惜别人。这就像你笑着和别人说话，别人也会对你笑一样。他人就如同一面镜子，会反映出我们自身的模样。

珍惜对方，不代表你就得完全奉献自己，当然也不是要你将自己的恋爱模式强加于对方，而是要去相信、尊重对方。这其实出乎意料的困难。毕竟人都会有属于自己的价值观、时间以及生活领域，其中多少会有与你不一样之处。能否接受那些差异，取决于你的气度。

培养气度的方法之一，就是好好观察对方的神情。只要你仔细观察，便能在一定程度上了解对方对你言行表现的解读。

也就是说，如果你完全不打算解读对方的表情和反应，就代表你其实根本不关心他。也因此你才会以自己的心情去强迫对方，人家不照你所想的去做便生气、不耐烦。

如果你的恋情总是不长久，不妨重读过去发出的短信，或者回想一下让对方伤脑筋、生气时你都说了些什么，好好检视你是不是只急于满足自己想要的安全感。

继续当好人——没安全感，在感情里庸人自扰。

有小恶精神——能肯定自己，不会黏人，更尊重彼此。

32

压抑自己不敢热情，
你拿什么帮感情升温

好人谈恋爱之所以不长久，
有时也是因为常常缺乏
"我好爱这个人"的强烈心情。

好人谈恋爱之所以不长久，有时也是因为缺乏"我好爱这个人"的强烈心情。由于好人的自我肯定感很低，无法喜欢自己，因此也常会觉得喜欢一个人这件事很虚无缥缈。时间久了，便会开始搞不清楚自己到底喜不喜欢对方，或怀疑那究竟是不是爱。

好人会搬出各式各样的理由，像是还忘不了旧情人、父母反对等等——这些都是惯于隐藏真心的好人常有的现象。

这时事情通常会有两种走向：一是由于不清楚自己究竟还爱不爱对方，于是决定主动提分手；另一种则是由于伴侣很敏感，察觉到了这种情况，于是选择离开。

不论结果是上述哪一种情形，这些好人对伴侣的渴望度都很低，严重缺乏邀约他人的热情、频繁回短信的动力；即便去约会，心里也会觉得空虚，无法快乐起来。自己变成这样，自然会对亲密关系感到痛苦，而对方也会因为感受到"他和我在一起好像很无聊""他似乎没那么爱我"，最终走上分手之路。

想要治好这种爱情麻木症，不妨试着多与伴侣一起接触日常不曾接触的新体验，并把当下的情绪坦率地表达出来。好人平时太习惯压抑自己的情绪，需要找个契机好好释放一下。

大声尖叫，感受惊吓、欢笑或感动都很有效。像是游乐园的云霄飞车、鬼屋等游乐设施，泛舟、降落伞等户外活动，天文馆、动物园、水族馆等浪漫的地点都很不错。

多放开心去体验，你就会发现身旁有人正在陪你一起脸红心跳。你笑，他也会笑；他会接住你抛出的情感，使你感到无比安心。只要这样持续下去，你便能打好与另一半说真心话的基础。若你依旧觉得说真心话不快乐，或许你们其实并不适合。

继续当好人——对自己的感情存疑，无法长久。

有小恶精神——能彼此坦白，共享安心的情感关系。

33

牺牲奉献得越多，
真爱的纯度越少

持续牺牲奉献，
总有一天对方会开始厌烦，
不把你当一回事。

越是习惯牺牲奉献的人，在感情中越容易被抛弃；而牺牲奉献正是好人常见的行为之一。他们由于太渴望另一半的爱，为了吸引对方注意，容易完全奉献自己，例如明明另一半没要求，还抢着付钱，一看到什么就买来送礼。

当你持续送上你浓烈的爱，而这种爱超越了对方对你的情感时，他就会越来越骄傲。再继续牺牲奉献，总有一天对方会厌烦，不把你当一回事。

如果对方是有良知的人，大概都会觉得很沉重；若对方是城府深的人，你就容易被利用。一旦你被这种泯灭良心的人利用，将会遭遇一连串的不幸。

他会对你呼之则来、挥之则去，要你处理一堆杂事、做家务、买东西送他。不断送礼或被当成提款机，也是好人的典型表现。因为想吸引对方注意，但对自己又没有信心，于是好人往往只能靠金钱勉强维持关系，动不动就借钱给对方，或者帮对方背债。

有时电视上会报道有人因爱上年轻女子而盗用公司款项的新闻。会引发这类案件的，就是那些对爱情饥渴、忙着牺牲奉献的人。

这些人在约会时，会无法拒绝对方"我可以点这支酒吗"之类的要求；被缠着买礼物，也无法说不。然而，对方想要的只是大餐与礼物而已；钱一花光，好人便什么也不是，最后只能被甩。

有些人直到被甩，才惊觉原来自己被利用；有些人则是根本没察觉，还沾沾自喜。不管怎样，两者都因为在交往时无法开口说不，导致钱像被丢进水沟那般，有去无回。

牺牲奉献型的人也很容易服从对方。人家说什么都听，无法拒绝，无法反对，就像个奴隶一样。另一半容易出轨的也是这类人，由于他们不愿失去，所以即便掌握了对方偷吃的证据，还是会选择妥协，相信对方的借口。这样只会让那些没良心的人得寸进尺，同样的事情一再上演。

● 一样热情，才不会有人灼伤

想要避免这种状况，唯有努力拓展自己的交友圈，认清天涯何处无芳草，建立起别人也可以是我真爱的强烈自信（或者一厢情愿）。然后，要记得去充分了解人性，仔细观察对方。

"一旦事事如己所愿，人就会变傲慢；当对方为自己做的比自己为对方做的多，心里就会有负担。"这是很好理解的道理。因此过度牺牲奉献，其实反而会破坏感情，这点请务必记住。

另一个维持平等关系的方法是用与对方相同的热度对待他，即配合对方用心的程度（情感的强度）来调整自己。

当你没有那么喜欢对方，对方却爱得要死要活，你应该会觉得很沉重，不知该如何是好吧？同样的，若你真的很爱对方，对方的反应却远不及你，肯定也会让你觉得非常不安。

一旦彼此热度相差过大，相处起来就会很辛苦，交往也会不顺利。因此，当你属于更爱的那一方，就要适时降温，让彼此热度相当，好抗衡对方较低的情感强度。

这里有一个方法可以分辨你是否被对方欺骗。假设你只是一个普通的上班族，但你却不断带另一半去高级餐厅用餐，正常人都会发现你在逞强，会想帮你省钱，跟你说："也可以去别的餐厅呀。"只要对方真的珍惜你，这点体贴是绝对不会少的。

若对方没有做出以上举止，很遗憾，他利用你的可能性就很高。

当然，突然被带去寒酸的居酒屋，对方可能会不高兴；但去了高级餐厅，也不代表对方就会爱上你。带他去那些不怎么样的小店，观察对方的反应，反倒最能了解和你交往的究竟是个怎么样的人。

● 别让依赖拖垮自己

有些人对爱情的占有欲很强，他们喜欢借由另一半的服从彰显"我很伟大"，以此来确立自己的价值。占有欲很强的人与牺牲奉献型的人，一个愿打一个愿挨，乍看之下非常契合。

但这种彼此确认的爱的方式，其实是患了共依存症（Co-dependence）。他们只是由于互相依赖，所以谁也离不开谁。

我见过许多夫妻，发现那些患有共依存症的伴侣，通常双方都是"好人"。他们彼此依存、互相依赖，生活中缺乏改变现状的诱因。那些不愿打破自己的壳，只想活在小小世界里的，就是陷入这种关系的人。

这其实并没有好坏，只要当事人觉得幸福就好。然而许多贫困家庭都是出自这种无法摆脱共依存关系的夫妻。

在下一章，我将会介绍容易贫穷世袭的"共依存亲子"。"共依存亲子"包含"茧居族""啃老族"，当亲子双方都放弃改变现状并持续住在同一个屋檐下，便会产生这种情况。父母缺乏把孩子赶出家门的勇气，孩子不工作也过得去，因此难以产生必须工作赚钱的动机，以至日子就这么一天天混过去了。

继续当好人——付出太多，反而让人觉得沉重、厌烦。

有小恶精神——不用牺牲自己，轻松享受恋情。

34

让自己难追到手，
他更珍惜不舍得放手

拥有自我的人，会散发一种烂人勿近的气质，
让他们看起来很严肃，
不会被骗，也不会被利用。

　　好人往往很容易被"烂人"骗，老是吸引到家暴男、爱情骗子、嫉妒心强的控制狂、劈腿惯犯和有浪费癖的人。明明人很好却只会遇到烂人，这其中是否有什么因素呢？

　　许多好人所拥有的价值感来源都不是自己，他们习惯通过他人的肯定来确立自身的价值，因此非常害怕惹人厌，很渴望被爱。不论对方是多么烂的人，他们都会极力想被认同、被需要。即使发现自己遭到利用，也不愿意失去需要他的人。

好人没有自我，往往一有人追求便爱上对方。所谓追求，对他们来说表示对方认同他具有价值，而好人会为此感到欣喜或得意。他们通常不会去怀疑、思考别人接近自己有什么目的，或者对方的人品怎么样。

每当他们受到追求，往往会被冲昏头，夸张地觉得"世界上再也没有那么棒的人了"。只因为对方肯定了自己的价值，他们便觉得安心，一厢情愿地以为这个人没有我不行。当然并不是所有人都是这个样子，但这种心理实在很常见。

此外，上述类型的好人也很容易陷入婚外情。对爱情的强烈饥渴蒙蔽了他们的双眼，使他们无法看清对方的目的，无法戳穿他人的谎言。他们总会得出"眼前这个喜欢自己（需要自己）的人是完美的"的判断，不论对方是真的倾注了感情，还是另有目的；其实讲得难听一点，只要有人对他温柔体贴，他谁都可以。

这样的弱点往往会让好人被利用，例如被"把男人玩弄于股掌之间"的女人骗得团团转；或被不负责任的男人用甜言蜜语哄得心花怒放。他们会把对方口中的"我很快就会离婚"囫囵吞枣地咽下，直到回过神才发现已经过了好几年，自己早就错过适婚年龄。更惨的是最后还被抛弃——这可以说是非常典型的好人模式。

要好人事先预防这种情况并不容易，但无论如何，首先都要请好人记得尽力表明自己的立场。不要就是不要，不行就是不行，没有第二次，请你这么做、不要那样做……要像这样把心中的感受明确地表达出来。

当你有办法表明立场，烂人就会因为"这个人好麻烦"而离开，或者一开始就不会想要接近你。**拥有自我的人，会散发一种烂人勿近的气质，让他们看起来很严肃，不会被骗，也不会被利用。**

烂人的离开仅仅是让你迈向幸福、避免人生损失的过程，所以你完全不需要为此难过。

好人往往非常渴求爱情，他们追求的是一种迫切被需要的感觉。尤其女性，很有可能因此答应跟人上床，结果不断被利用，最后惨遭抛弃。说实话，这样的人并不少见。

打从心底喜欢上一个人是需要时间的。这个道理就像交往没多久便分手，心里的伤口会比较浅；深入地交往之后才分开，则会痛得像撕心裂肺一样。从单纯的好感转变为爱情，需要时间。

不晓得你有没有过这样的经验？

在与喜欢的人约会之后，回家路上仍回忆着约会的细节，沉浸在欢喜的余韵里。你绞尽脑汁思考着短信该怎么写；你反复读着对方之前发来的信息；对方没回信息，你便闷闷不乐，心想是不是被讨厌了，还是哪里做错了；你查着下次约会该跟他去哪；你小鹿乱撞地牵起他的手；你犹豫着是否能亲下去；你为初吻而感动；你们在吵架后反省，然后和好……

你们又约会了几次。你看着他的动作与反应，思考是否能进一步交往；刚一回到家，你就好想赶快抱抱他；你渴望触碰他的身体；你思考着该怎样在彼此之间酝酿这种氛围；你想象与他缠绵，开始变得坐立难安。

只要像这样一点一滴地累积思念对方的时光，心中珍惜、喜欢的情感就会越来越强烈。那些想念对方的频率与时间也会逐渐转化为对伴侣坚定不移的爱情。

这个道理很简单，当一个人已经十分自信眼前的人喜欢自己，那么他也就不必再思考该怎么让对方爱上自己了。

因此，即便你心里很焦急，也应该想办法耐住性子，让对方慢慢去累积思念你的时间。在他对你的情感越来越浓烈，终至成熟之前，绝对要坚守住最后一道防线。

继续当好人——很好利用，被"烂人"欺骗、糟蹋。

有小恶精神——懂得珍惜自己，"烂人"不敢靠近。

35

勇敢断舍离！
息事宁人只会带来纠缠不清

> 想要切断关系，
> 就要舍弃息事宁人的想法，
> 要抱持踏入战场的觉悟。

前面提到过友谊的断舍离，相较之下比较简单；若对象换作配偶或工作伙伴等关系深厚的人，情况就不太一样了。因为在很多情况下，这并非拉开距离就可以解决的。

比如说离婚，这可不是搬出家门就好。单方面递出离婚协议书也是无效的，只要没有法律判定，你便很难展开新的人生。要离开与他人共同出资成立的公司、放弃某笔生意，也必须去更改登记或重新签约，否则法律纠纷将永远缠着你。

这一类的断舍离并没有那么容易，若对方不答应或存心为难，而你们的利害关系正好相反，那么能协调、合意的概率就不太高了。因此，想要切断关系，就要舍弃息事宁人的想法，抱持踏入战场的觉悟。

当对方反对分道扬镳，但你仍想离开，就要知道这势必会对你造成极大的压力，要克服它得经历一番艰辛。然而许多好人忍受不了这种折磨，他们无法狠下心把关系断干净，结果导致彼此纠缠不清，白白浪费人生。

其实上战场不代表就不好，"打仗"是一种为自己杀出活路的震撼疗法，是要舍弃过去的谎言、欺瞒、忍耐与伪装，好好面对现实的革命。

比起心存芥蒂、强颜欢笑地道别，还不如打开天窗说亮话，大吵一架分开。这样阴霾才能一扫而空，然后重振精神，产生前进的动力。

用极端的例子来说，假设你与第三者待在一起，那么被原配逮个正着时，肯定会掀起一场腥风血雨。但这场战争却能将你从过去编织的各种谎言中拉回现实，逼你面对自己真正想珍惜的人，并且厘清对方容忍的底线在哪。

当然这只是为了方便说辞才举的极端例子，若在这种情况下你想结束关系，对方还坚持拒绝，那就代表对方很可能也在利用你。和你交往有好处，他自然不会轻易答应分手，结果就会爆发争执。

工作上也是，别的公司拒绝终止合作，也许是与你做生意特别有油水可捞；而身为家庭主妇的太太拒绝离婚，也有可能是因为贪图丈夫的钱财。

时有所闻的是家暴男不肯离婚，这通常都是因为他担心没有人能当自己的情绪出口，害怕失去能施暴之对象的关系。

在这些情况下想要分开，难免会陷入一场恶斗。若对方明明没有错，却怎样都不肯离开，那你就要知道，或许你早该与他断干净了。

在我的想法中，逆境是用来克服的，战场是用来度过的，挫折是用来品尝的。不要因为遭遇逆境便怨天尤人、抑郁而终，不要由于害怕战场就转身逃跑，也不要因挫折而一蹶不振。要控制那个想要掩耳盗铃的自己，倾听内心的声音，在心里好好消化。

我相信这样的经验能使你更坚强，最终你将具备不随他人起舞、不为外界所动的情感标准。

继续当好人——一拖再拖，与不适合的人纠缠不清。

有小恶精神——告别坏关系，往更好的未来前进。

第六章

父母

36

孩子叛逆，
跳脱"观念世袭"的本能

"滥好人"因童年缺乏父母关爱，
往往患有依恋障碍，
特别想讨周遭人的欢心。

前面介绍的"好人"特质并非全都不好，其实每个人或多或少都会有想当好人的欲望。想要圆滑地在社会上生存，也需具备一定的"好人特质"，因此想当好人绝对是无可厚非的。

然而，当这样的想法太过强烈，从好人变成了"滥好人"，在人际关系上左支右绌，那就只会招来不幸，让自己的人生喘不过气来。

人们为什么会变成这种不幸的"好人"呢？许多心理学家及精神科医师都指出，我们的基本人格大多是由童年及青春期的环境塑造而成。例如，在长期缺乏父母关爱的情况下长大，或老是被父母丢下不管，这些都会导致一个人对爱产生强烈的渴望。

反之，被父母过度保护，或在周围人的赞美声中长大的孩子，自尊心就会过强，会不时产生"我不能失去父母的疼爱""我不能让身边的人失望"这样的强迫性思维。若父母总是不尊重他的想法与判断，喜欢指手画脚地说"你要这么做""不这么做不行"，造成他一再被压抑，也会造成这种倾向。

还有一种是"爸妈宝"，他们在成长过程中被剥夺了独立思考的机会，因此总是觉得"爸妈说的都是对的，我自己的想法没有参考价值"。这些人深入思考、冷静判断的能力低，所以容易感情用事，做出令人匪夷所思的举动。

青春期常见的叛逆行为，就是想从父母的桎梏中逃离的人类本能。人到青少年时会开始自主思考，想要摆脱父母的控制，以自己的价值观活下去，所以会反抗父母。当然，也有没经历过叛逆期的孩子。但叛逆期其实是为了自立而做的准备，是必要之恶。

如果能顺利度过叛逆期，便能摆脱父母的魔咒与束缚，确立自我，降低日后成为老好人、把自己逼入绝境之风险。

然而，面对孩子的反抗，很多父母都无法妥善处理。他们听不进孩子的说法，只是去压抑、忽略或讨好。

无法处理的理由，大多是因为好人的父母也是好人。父母自己对爱的渴望也很强烈，自我肯定感也很低，于是用了同样的方式对待、教育孩子——"世袭好人"便因此诞生。

好人容易被再生产的主因之一，也在于网络社交平台的登场。

正如前面所说，滥好人因童年缺乏父母关爱，往往患有依恋障碍（Attachment Disorde），想讨周围人欢心的情绪也会特别强烈。

通过网络社交平台，他们能轻易获得他人的回馈。换言之，滥好人与网络社交平台简直是一拍即合，对迫切渴望爱的他们而言，这是极佳的工具。

因此，他们会努力在 Facebook 上展现自己的生活有多么多彩多姿，在意"赞"的数目与有无留言，看见"赞"增加便感到安心。用 LINE 时，他们不敢脱离群组，对已读不回还会有罪恶感，所以总会立刻回复。这导致他们若不能时时刻刻检查网络社交平台便浑身不对劲，所以手上总是握着手机。

然而，尽管他们投入了大量时间在网络社交平台，却只满足了与他人交流的安全感及自尊心，在现实生活中毫无长进，因此人生往往也没变得更好。

尤其是喜欢在网络社交平台刊登长文的人，他们很有可能是因为在现实世界得不到肯定，或者无法全力以赴而缺乏自我实现感。

因为没有自我，这些人便以为在网络社交平台上吐露自己的想法，借此获得周围人的认同，就是自己的价值。

他们的内心是空虚的，为了满足得到他人认同的渴望，十分依赖网络。就像酒精成瘾一样，为了填满空荡荡的自己，不断追求新的刺激。

网络成瘾、手机成瘾与酒精成瘾都是脑部疾病。现在已经有越来越多的小孩因为玩智能手机变得脾气暴躁。近年来，这类由智能移动设备引发的家庭问题正日趋严重。

为什么好人会被再度生产呢？因为越来越多的父母依赖智能手机，忽略小孩。于是便出现了妈妈过度沉迷智能手机，即便婴儿在哭，表达"我需要妈咪陪我"，母亲也照样无视的现象。

若在心智发展阶段，亲子间感情联结太过脆弱，孩子在家庭中对自己的存在就会缺乏安全感，变得无法相信自己，也无法信赖父母，更不知道该如何和双亲沟通。

渐渐地，他们便成了不懂得将心比心、企图控制他人或者会一直压抑情感的人。像这样因为智能手机而大量产出有依恋障碍孩童的情况，是极有可能的。

孩子在不知道如何与父母接触的背景下长大，成人后即便有了自己的孩子，一样不知道如何和自己的孩子相处。再加上他们对爱的饥渴，让他们在寻求周围人的认同中，继续扮演好人。

好人性格就这样被继承下来，然后重复上演，又会再生出更多的好人。

继续当好人——遗传好人性格，孩子自我认同不足。
有小恶精神——不担心孩子叛逆，养出自信下一代。

37

童年影响你的人生，
却不会决定你的人生

有人可以泰然自若，
有人却受伤懊恼，这就代表束缚人的
其实都是从负面角度看待状况的自己。

"好人"诞生的原因，虽然很大一部分来自于童年家庭环境的影响，但事到如今再怪父母也已经没用了。我想正在翻阅这本书的读者大多已经是大人，所以即便原因出在童年，时光也不能重来。

但是不是一辈子就只能这样了。人生虽然不能回头，却可以从现在开始摆脱它。

老是活得喘不过气的人，绝大多数都不擅长深入思考，因此才容易被情绪操控，无法用逻辑思考解决问题。

这种人害怕面对自己的心声，逃避与自我对话，总是搞不清楚自己想要什么。加上又不想让别人知道自己的真实想法，所以也无从通过自己和别人接触时所得到的反应，修正自己的所作所为。解决办法，就是反其道而行。

究竟是什么样的感受方式、思维模式与观察角度害自己活得痛苦又受限制呢？如果你想改变看待事物的方法，就必须对自身的思维模式产生意识，并实际思考该如何修正。

遇到相同的情况，有人可以泰然自若，有人却受伤懊恼，这就代表束缚人的，其实都是从负面角度看待状况的自己，是脑中先入为主的观念与刻板印象造成的。换言之，是你自己在限制自己，使得自己陷入痛苦之中。

想靠自己改变，就得增加与自我心灵对话的时间。和自己对话，是一场与自我内心之恐惧以及不愿思考、怕麻烦之自己的战斗。如果不打赢这场仗，感受的方式与看待事物的角度就不会改变，你就只能继续过着痛苦的人生。

因此，一定要空出时间好好倾听自己的心声。若靠自己思考实在理不清头绪，还有一个方法，那就是写下"情绪日记"。

在日记上书写、发泄，让情感与意识"被看见"，如此便能冷静思考。因为在情绪转变为文字的一瞬间，我们就能从客观的角度去看待事物了。

例如，当你遇到一个令你不爽的人，就把想拿去骂他的话全写下来，好好地宣泄情绪，然后，你会意外发现心情好多了。当场说不出、闷在心里的话，也可以事后写在日记里，并冷静思考下次遇到那些人该如何反驳。

当你心情烦躁时，由于人与情绪为一体，所以一定很难客观看待自己。将它从身上抽离，写在纸上，如灵魂出窍般从另一个角度俯视自己，便能更冷静客观地面对那些情绪。接下来，我将会介绍该如何与自己的心对话。

继续当好人——只会怪别人，遭遇不幸就自怨自艾。

有小恶精神——摆脱好人性格，学会与自己和平共处。

38

好人总要求你非得如何，
不关心你过得如何

> 许多好人都会为别人不烦恼的事烦恼，
> 他们习惯把痛苦程度只有"一"的事情，
> 放大成"十"，将事情看得很严重、很可怕。

我们明明生活在这么便利、富庶的社会，为何有人老是觉得活着很辛苦呢？其中一个原因，就在于我们被自己先入为主的观念束缚住了，老想着应该这么做，不能那么做。

而且越是好人，越会坚信自己应该成为社会的楷模和典范，遵守该怎么做与不能怎么做的教条。像是"你应该像个男人""你应该像个女人"这类的"应该论"，就是钳制行动，使我们无法随心所欲做自己的元凶。

与其说这些是他人强迫我们的，不如说是从小被灌输的观念，也就是来自社会的隐形要求（刻板印象）。

就算他人其实没有那么看待我们，好人也常被"如果别人这么觉得怎么办"的恐惧感侵袭，自主坚守着心里那套"应该论"。

● 人生没有标准答案

即使没有真的挂在口头上，还是有很多人觉得"孩子就该由妈妈照顾""家事是女人做的"。导致现在很多女性即便已经是职业妇女，仍得为了兼顾家事与孩子而焦头烂额。

其实家人本来就有各种相处模式，只要是以大家最舒适、最幸福的方式分担工作，不管怎样都是好的。少做并不是错，这种事也轮不到别人品头论足。然而许多女性仍然会对于自己少做家事、少带孩子抱有罪恶感，老是责备自己："我这样是不对的。"

或者像前面所说的情况，在人们心中常常会有"应该多交朋友、重视友谊，没有朋友的人就是人格有问题"这样的担心，这些也都是小时候被灌输的刻板印象造成的。

结果，很多人一被撞见落单，就担心别人会不会认为自己

"没有朋友，孤零零的"，于是躲到厕所里。然而，朋友很少，没有能称得上伙伴的友人，难道就很不幸吗？要说孤独到底是不是坏事，前面我也已经提到过了，那根本不算不幸，而且一点也不坏。

很多人即使没有朋友，人生还是过得很快活，不少创业老板，就都曾表示"我没朋友"。但当你心中存有没朋友就是人格有问题的刻板印象，你便会不自觉地责怪没有朋友的自己，并为此感到痛苦，受尽折磨。

还有人因为有"穿同一件衣服很丢脸"的迷思，所以每天都很烦恼该穿什么。其实穿同一件衣服，顶多就是早上被同事说："哎呀，你的衣服跟昨天一样啊。"然后谁也不会记得，对你的工作更不会有任何影响。

有些人则由于有"没上大学就是失败者"的刻板印象，对只有高中学历的自己感到自卑。然而走上社会之后，看重的是个人的实力而不是学历。何况，只凭人生八十载中"十八岁那年夏天"一瞬间的考试成绩，根本不足以用来评判一个人的一生。

网络与搜索技术的发达降低了"背诵"的价值。在剧烈变化的时代背景下，成功的多元性逐渐显现，越来越多的事都没有正确答案——这些都使得考试慢慢变得没有太大的参考价值。

当你认为这些他人根本不在意、无所谓，或者以前是那样但现在已经不是的事情，有"非得怎么做"的标准，那么束缚你的压力与烦恼理所当然会源源不绝。

● 许多烦恼，都是你自己的解读

当然，就正面意义而言，"应该如何"也可以是一种对自我的期许；只要它能带来让人努力向前的动力，基本上都是好的。比如说碰到逆境、遭遇挫折的时候，有些心里的"应该"就可能变成发愤图强的动力，使你坚信自己是个越挫越勇的人，不会被打败。

相反的，若你觉得活着很辛苦，时常喘不过气，对人生感到挫败，对未来没有希望，那就应该回头审视你奉为圭臬的行为准则，看看那些是否真的很重要，或者有没有办法让你的人生变得更快乐。然后，舍弃没有合理根据的"应该如何"。

以我自己来举例的话，在我心中就有好几个"应该"，如"既然创业了，就该以上市公司为目标""创造更多就业机会，是身为老板的责任""让公司结束在自己手上，也未免太落寞了""让公司倒闭是不对的"……这些想法一直以来都让我苦不堪言。

尽管我并不适合培养人才、扩大组织，也没有这方面的天分，但当年的我还是勉强自己去做，一直说服自己追寻这个不适合的目标，以至于我整天愁眉苦脸，与员工、股东之间的关系也令我一个头两个大。

如今，我除去了这些枷锁，发觉身心是那么的轻盈、自由，每天都快快乐乐；晚上能以平和的心情入睡，早上醒来也会对新的一天充满期待。

究竟该怎么做才能除去这些枷锁呢？其中一个方法就是要运用逻辑，具体去思考**当你没有遵守那些"应该准则"时，究竟会发生哪些令人困扰的事情。**

再以我自己举例，自从我那么做之后，只要所开的公司经营不善，我就会毫不犹豫地把公司关闭。看到把公司关闭或许会让你吓一跳，觉得那样不太好，事情很严重。然而，单纯以逻辑来思考的话，关闭公司不过就是办理个手续就能完成的事。

与事务所、店面解约，把电话与网络停掉，卖出、扔掉或归还办公器材，向相关政府机构递交停业文件——就只是这样而已。

只要不再雇用人，就没有欠款，也就不会造成他人麻烦。大家一开始可能会因为我的这个决定而吓一跳，但没多久就忘了。

同样的，被某人讨厌，会带来什么困扰吗？脱离某团体，会引发任何麻烦吗？大家都说"No"，只有自己说"Yes"。会发生什么伤脑筋的事吗？其实，真正的困扰是不会那么容易产生的。

● 事情好坏，由你的观点决定

另一个方法是提醒自己改变看事情的角度。就像前面所说的，很多时候问题本身并非烦恼，而是当事人以不对的角度看待，才滋生了烦恼。

同样的气温，有人觉得冷，有人觉得不冷。

有人没考上第一志愿的大学，觉得人生充满不幸；有人虽没考上第一志愿，却也上了不差的学校，觉得很幸运。

许多好人都会为他人不烦恼的事烦恼，他们习惯把痛苦程度只有"一"的事情，放大成"十"，将事情看得很严重、很可怕。

假设今天有人认为自己是个胖子，所以找不到另一半——或许"胖"是个事实，但在这个世界上，除了那些因在意自己胖所以活得自暴自弃的人外，也有不以为意，仍然乐观开朗的人，甚至有人以"胖妹偶像"自居，把胖胖的身材当作自己的优势。

这代表一件事情的本质绝不是你所看到的那样。它会令你烦恼，还是不过是个单纯的现象，要不要引以为戒，全都取决于你看事情的角度。因此，**你可以借由改变观点来扭转感受。**

这么一来，或许你的想法就会变得积极起来。例如你可以想："虽然我是个胖子，但很多人胖胖的也有男女朋友啊，就连相扑选手普遍都结婚了，可见异性挑选另一半并不全看长相，我只要提升自己的魅力就好了。"

被裁员，很多人都会觉得情绪低落、懊恼沮丧。但让自己陷入烦恼的，其实依旧是自己的心，那是"被裁员的人没有价值"的刻板印象在你心里作祟。因此，你可以试着改变这种刻板印象与看事情的角度。

例如："被裁员只代表我不适合这里，并不代表我没有价值。全国有四百万家公司，肯定会有不适合的。既然公司数目那么多，我相信一定会有能让我发挥实力的地方。"

别再用自己的价值观把事情解读成烦恼，要尝试转换角度，让它成为向前迈进的动力。这是一个深度自省的过程，只要将它转化为自己的习惯，那么不管你面对什么事情，就都能控制情绪，冷静地处理。这将会为你带来平静、安稳的人生。

继续当好人——把事情想得很严重，自我烦恼。

有小恶精神——能够转换心情，让事情变得对自己有利。

坚定做自己，
让你的善良有气度也有底线

世界上有许多话常常令人无从反驳，例如"成熟点"这句话，一般而言，是指"你要遵守社会规范，适应环境"的意思。不论在家庭或学校，我们都会接收到许多"你得这么做""不能那样做"的训斥与教育，要我们与他人融洽相处、适应环境。

◔ 会烦恼，证明你认真

然而，当我们长大成人后，"你可以成熟一点吗"就成了一种压力，强迫我们多忍耐、要配合他人。的确，每当有人说出"你可以成熟一点吗"，我们便容易在头脑中加以认同，仿佛反驳这句话是幼稚的，是小孩子在闹别扭。

"成熟点"对很多人来说是无从反驳的，此外，"乱来""没有道德感""没良心""不要脸""真不知道该怎么说"等句子，也具有相同的威力。

然而，将这些看似正确的言论囫囵吞枣地吞下，使自己的行动与想法踌躇不前，只会使得原本应该丰富灿烂的人生变得空洞乏味。真正成熟的大人，不会轻易交出主导权，也不会迎合他人。

在我的认知里，所谓"大人"，就是会怀疑束缚自己与社会的"毫无根据的常识"，追求事物之本质，靠自己的意志生存下去的人，是会抛开障碍、勇于表现自我的。

只要对自己的生存之道、信念拥有自信，便不会过度在意他人眼光；只要不固执己见，也就不会勉强他人，并能接受别人不同的看法。这是一种接纳、宽容的精神，是认同、尊重"别人是别人，我是我"的雅量。

坦率地接受"喜欢就是喜欢，讨厌就是讨厌"等情绪，冷静地看待它，就能为自己找到更适合、更好的行为方式。

当你陷入烦恼、遇到瓶颈时，也应该正面对待，以这是上天赋予我的契机、会令我成长的心态去面对。你之所以烦恼，也是因为认真。如果你对自己的生活方式与能力漠不关心，自然也就不会烦恼了。无论从哪一方面看，会烦恼都是因为你正在认真对待。

同样的，问题往往只会在该被解决的时候降临在得解决它的人身上，因为当事人解决不了的问题根本不会被视为问题。

● 无法改变的事，就用气度去面对

你要保持"冷静"，认清哪些事靠自己的力量可以改变，哪些不能。鼓起"勇气"去改变能改变的部分；并培养气度，好好面对无法改变的事实。

假设你今天在一个人际关系紧张、精神压力很大的职场工作，每天清晨上班前便愁眉苦脸，回家后身心俱疲，对任何事都提不起劲……想要摆脱这种状态，你可以向公司辞职，这是所有人都被赋予的自由。换言之，这是可以改变的，只需要一点勇气去战胜怕麻烦的自己。

战胜那样的自己之后，便有可能找到真正让你有归属感的职场环境，这会让你每天早上精神奕奕地醒来，带着满足的疲劳感与成就感回家。

如果现在无法转职，那就要尝试另一套思路，让自己别那么痛苦。要是在同一家公司里，也有人工作得很愉快，或许就代表你的痛苦来自于心境。你必须改变以"苦"看待事物的思维，去接受诸如"没关系，别计较那么多""一样米养百样人"的看法，让身段变柔软。

关于这本书介绍的内容，有些比较极端，有些则是我个人的主观看法，这些都并无对错。

毕竟说起差不多的工作情形，可能有人会在讨厌的公司突然得到提拔，从此平步青云；也有人换了工作后，在憧憬的新公司里遇到职业困境——在人生中什么事都有可能发生。不做好人究竟会带来什么结果，大概也只有进了棺材才能知道。

即使如此，我们还是应该认清自己能改变什么，无法改变什么。若无法改变，便以此为前提，看看该怎么转换心境，好让自己得到调适，进而接受。若能自己决定优先顺序，把让人痛苦的环境与想法一个个解开，你就能真正掌握自己的人生方向。

你思考并行动的真正目的不在于他人的反应，也不在于博得他人的赞赏，而是要活出让你打从心底感叹"啊……我好幸福"的美丽人生。